浙江省哲学社会科学规划课题
"认知语境理论视角下汉语反语理解的神经心理机制"（19NDQN337YB)

黄彬瑶 著

汉语反语认知的神经心理机制研究

ZHEJIANG UNIVERSITY PRESS
浙江大学出版社
·杭州·

图书在版编目（CIP）数据

汉语反语认知的神经心理机制研究 ／ 黄彬瑶著.
--杭州 ： 浙江大学出版社，2022.9
ISBN 978-7-308-22986-9

Ⅰ．①汉… Ⅱ．①黄… Ⅲ．①汉语－认知科学－
语言学－研究 Ⅳ．①H1-05

中国版本图书馆CIP数据核字(2022)第159159号

汉语反语认知的神经心理机制研究
HANYU FANYU RENZHI DE SHENJING XINLI JIZHI YANJIU
黄彬瑶　著

责任编辑　赵　静
责任校对　胡　畔
封面设计　杭州林智广告有限公司
出版发行　浙江大学出版社
　　　　　（杭州市天目山路148号　　邮政编码　310007）
　　　　　（网址：http：//www.zjupress.com）
排　　版　杭州林智广告有限公司
印　　刷　杭州高腾印务有限公司
开　　本　710mm×1000mm　1/16
印　　张　10
字　　数　164千
版 印 次　2022年9月第1版　2022年9月第1次印刷
书　　号　ISBN 978-7-308-22986-9
定　　价　68.00元

目 录

CONTENTS

第一章

导　言

第一节　研究背景

语言理解是一个复杂的认知过程。非字面语言（non-literal language）理解则是人类认知复杂性的集中体现——句法和语义加工的矛盾、字面意义和比喻意义的争夺、词素和整词的不相关、抑制与激活的反复。非字面语言又称比喻性语言（figurative language），其主要形式包括隐喻、转喻、惯用语、谚语及反语等，在日常言语交际中扮演着重要的角色。

所谓反语（irony），也称反话或反辞，在日常交际中的使用频率较高。针对英语反语的统计研究表明，在朋友间的交际过程中，约有8%的话轮及7.4%的电子邮件中包含反语表达。与其他形式的非字面语言相比，反语具有其特殊性。实证研究表明，3~4岁儿童就能够理解隐喻和惯用语，6~7岁儿童才开始具有识别反语的能力，9~10岁才能完全理解说话人表示幽默的交际目的。这说明反语理解更为复杂，需要更高层次的认知能力。不仅如此，隐喻和反语加工激活的脑区也存在差异。隐喻加工引发左侧额下回和双侧颞回较大范围的激活，反语加工则引发右侧颞上回中部较大范围的激活。反语概念知识的加工主要由右侧颞上回前部来完成，额中回与右侧颞下回前部主要负责语境知识的加工，被试对反语的感知程度影响杏仁核、海马及海马旁回的激活程度，右侧前额叶背外侧皮层的激活程度则与被试对反语幽默程度的评价相关。

在过去的几十年里，研究者出于结构复杂性、文化适应性及材料无偏化等方面的考虑，更倾向于选择隐喻和惯用语作为研究非字面语言加工的主要材料，针对反语的考察和讨论相对较少。随着非字面语言研究的不断深入，反语在日常交际中的重要作用及其复杂的内在加工机制越来越受到学者的关注，反语认知的加工过程及影响反语认知的相关因素成为近年来心理语言学和认知神经科学研究的热点问题，研究成果较为丰富。但在一些方面也存在较大分歧，尤其对于语境在认知加工过程中究竟扮演怎样的角色这一问题，各种理论和假说持不同观点。尽管学者们从多个角度切入，开展了大量的实证研究，但是目前为止尚未取得一致结论。

从文献资料来看，现有的大多数反语加工实证研究都以英语反语为实验材料，并不能完全说明汉语反语的加工机制。虽然国内学者也开展了不少针对汉语反语的语用及认知研究，但是总的来说，对反语的语用语言特征（比如话语的回声性）和生成语用策略（比如伪装、提述）讨论较多，对反语认知的语境制约及认知语用机制研究相对较少；从修辞学和语用学角度开展的定性分析较多，从心理语言学和神经语言学角度开展的定量实证研究较少。此外，已有实证研究的对象比较单一（以中国儿童和在校大学生为主），且少有研究从语篇层面上探讨反语的认知加工机制。尽管反语是东西方文化中普遍存在的语言现象，人类的认知也具有一定程度上的跨文化普遍性，但是由于英语反语和汉语反语在语用功能和内涵上都存在差异，而且语言认知极容易受到语言形式和文化传统的影响，所以从心理语言学和认知神经科学的角度开展针对汉语反语的认知研究十分必要。

第二节　研究对象

反语在我国的古代典籍中早已有之。例如，《伐檀》中有"彼君子兮，不素餐兮！"其中"不素餐"也就是"不白吃饭"的意思。既然剥削者"不稼不穑""不狩不猎"，还要霸占别人的劳动成果，当然是"白吃饭"无疑。可见作者这里是运用了反讽的修辞手法对剥削者进行讽刺和嘲骂。

在现代汉语中，《辞海》（缩印版）对反语的定义是"反语就是说反话，用与本意相反的话语来表达本意"。《修辞通鉴》认为，反语是"使用与本意相反的语句表达本意，也称反话、反辞"。《新华词典》（修订版）则将反语解释为："修辞格的一种。用同本意相反的词语或句子来表达本意。可以用正面的话表达反面的本意，也可以用反面的话表达正面的本意。比如'动不动就打人，多勇敢啊！'"

英语中的反语（irony）一词源于希腊语 "eironeia"，意思是 "伪装"。尽管后来英语中对反语含义的理解各不相同，但是该原始意义一直是反语的基本要义。《牛津英语词典》将反语定义为："1. A figure of speech in which intended meaning is opposite of that expressed by the word used；usually taking the form of sarcasm or ridicule in which laudatory expressions are used to imply condemnation or contempt；2. A condition of affairs or events of a character events as if in mockery of the promise and fitness of things."（1. 使用与字面义相反的语句表达本意，常见形式为嘲笑或嘲弄，即以褒扬语句表达谴责或蔑视之意；2. 以对个体所承诺的事件的嘲弄，来表达与期望或实情相反的本意。）

研究者依据不同的标准对反语进行分类。根据表达的性质，英语词语反语可分为反语批评（ironic criticism）和反语恭维（ironic compliment）两种类型。反语批评是指以积极的话语表达消极意义。例如，A 说："我的力气大得很。"结果 A 试了半天也提不起一个没多重的小箱子，于是 B 评价说："你的力气可真大。"反语恭维则是指以消极话语表达积极意义。例如，A 说："我这人没什么力气。"结果 A 不费吹灰之力就举起了一个沉甸甸的大箱子，B 评价说："你的力气可真小。"一般来说，在口语交际中，反语批评出现的频率高于反语恭维。

此外，反语还可分为直接反语（direct irony）和间接反语（indirect irony），或称为简单反语（simple irony）和复杂反语（complex irony）。直接反语是指话语中包含明显的评价词，其字面含义与说话人的真实含义直接相反。间接反语则是指话语中并不包含明显的评价词，受话人需要经过推理才能理解说话人的话语实质上是一种评价。例如，周末 A 请同事 B 到家中做客，当看到 A 从厨房里拿出两盘烧焦炒糊的菜时，B 说 "你的厨艺真棒"，此为直接反语；倘若 B 说 "国宴真该请你去当主厨"，则为间接反语。直接反语和间接反语在认知加工的难度上存在差异，受话人理解间接反语需要付出更大的认知努力。

反语批评和反语恭维、简单反语和复杂反语的分类不仅适用于英语反语，在汉语中也都存在，且较为常见。虽然反语是东西方文化中普遍存在的复杂的语言现象之一，但是汉语和英语中的反语在内涵、种类及语用功能上均存在一定差异。从内涵上看，英语反语内涵广泛，以语义脱节为特征；汉语反语内涵狭小，以语义颠倒为特征。从种类上看，英语反语主要包括词语反语、情景反语和戏剧性反语三种类型。汉语中的绝大多数反语都属于英语中的词语反语，即以单个词语为单位，主要依赖句级语境来体现反语性质。英语中的情景反语和戏剧性反语在汉语反语中并没有相对应的修辞格，因为它们以整句或句群为单位，主要依赖句群语境、文化语境或背景语境来体现反语的性质。从这个角度来说，英语反语比汉语反语的涉及面要广。从语用功能的角度来说，英语反语具有以下语用功能：①用肯定话语表示对事物的否定态度（批评或不满）；②因仇恨或警告而进行讽刺和攻击，这类反语常用于文学作品中，以揭示社会的黑暗面或使人们注意到一些严重的社会问题；③增加人际交往的趣味性，反语或多或少含有幽默的成分，使得语言更加生动且富有感染力。而汉语反语则具有以下语用功能：①表达褒贬之意，但不具讽刺意味；②表达讽刺、嘲弄之意；③表达风趣、幽默之意；④表达强烈的感情，特别是表达人与人之间的亲密程度，被称为"亲势反语"（恋爱中的女生对自己的男友说"你真坏""你真讨厌"，父母称呼自己的子女为"臭小子""死丫头"，诸如此类）；⑤表达强调某事的特殊语气，例如"人来人往，好不热闹！"此类反语是汉语所特有的，英语中并不存在此类反语现象。

虽然反语本质上属于非字面语言，但是与其他形式的非字面语言（隐喻、惯用语及谚语等）相比，具有其自身的特殊性。一方面，隐喻、惯用语及谚语等非字面语言的句法形式相对固定，其意义的获得在很大程度上取决于规约性（conventionality），反语的使用形式则较为灵活且对其意义的理解更加依赖语境。另一方面，说话人使用反语能够实现不同的交际目的，包括增加人际交往的趣味性、出于礼貌缓和语气、强调自己反对和讽刺的态度、引起与受话人之间的情感共鸣，等等。换言之，反语表达包含更为丰富的语用内涵和语境效果（context effects）。

一般认为，语境是使用语言的现实环境。广义的语境，包括语言语境（言内语境）和非语言语境（言伴语境和言外语境）两个类别。语言语境，指上下文关联，包括文章的上下文和说话的前言后语。非语言语境，指使用语言的外部环境，包括由时间、地点、场合、对象等客观因素和语言使用者的身份、思想、性格、职业、修养、处境、心情等主观因素所构成的语言使用环境。从功能上来讲，语境是语用中的条件和背景，对语言理解具有重要的影响。

正是基于反语认知与语境之间的密切关系及汉语反语自身所具有的上述特点，本研究以汉语反语中的反语批评为主要研究对象，以语言语境和非语言语境因素如何影响语篇阅读过程中的反语加工为切入点，探究汉语反语认知的心理机制。

第三节　研究方法

语言理解是一个涉及多层面、多维度的复杂认知过程，大致可以分为四个层次。（1）语音信号处理：主要是音位识别；（2）词汇加工：词汇（词性和词义）识别和通达；（3）句子加工：字词句法信息的提取和组合形成句子表征，而后与语义信息及相关知识整合形成句子释义；（4）语篇理解：连续句子释义间的整合形成语篇水平的表征。已有针对非字面语言认知加工的实证研究大都从句子层面进行考察。由于反语理解对语境具有较强的依赖性，而语篇相对于句子能够提供更加充分的语境信息，更加接近真实的书面阅读和言语交际情境，因此，本研究试图通过借助不同的实验手段，在语篇阅读过程中考察语境影响汉语反语认知加工的神经心理机制。

在现有的反语认知研究中，较为常见的实验范式包括行为测量、自定步速移动窗口（self-paced moving window）、事件相关电位（event-related potential，ERP）、功能磁共振成像（functional magnetic resonance imaging，fMRI）以及眼动追踪（eye-tracking）等。作为研究大脑思维活动的有力工具，fMRI 能够实时跟踪信号的改变，对特定的大脑活动的皮层区域进行准确定位，ERP 具有对事件敏感且时间分辨率高的技术优势。然而，它们最大的缺陷在于：快速系列视觉呈现范式（rapid serial visual presentation，RSVP）的呈现速率明显慢于读者自然阅读中的加工进程，且逐字/词呈现文本的方式破坏自然阅读情境。自定步速移动窗口阅读同样也存在这一问题。相对而言，行为测量和眼动追踪能够以较自然的方式呈现实验刺激，且提供相对完整的语境帮助被试进行推理，具有较高的生态效度。但是，行为测量以反应时间的长短来间接推测加工内容及认知过程存在一定的局限性；眼动追踪的各类注视时间指标只能反映被试对某一兴趣区的整体加工过程，研究者无法了解在线文本加工中，究竟哪些信息驱动了眼球运动，这些信息是何时获得的，以及眼球在何时和向何处运动的决策过程。虽然研究者开展了大量实证研究来考察反语的认知机制，但是到目前为止尚无统一的结论。不同的实验结果可能与研究者采用的实验范式不同有关。这些实验范式各有其优缺点，通过不同范式的结合使用可以克服单一实验范式的局限性，为研究者验证其实验假设提供收敛性和差异性证据。目前，已有越来越多的研究者将眼动追踪技术和 ERP 技术相结合，应用到语言认知研究中去。

　　本研究主要包含三个实验，为了服务于各自的实验目的，分别采用不同的实验手段。实验一通过问卷调查，从反语评价类型和反语语篇标记两个角度考察语篇特征对反语认知难度及读者接受程度的影响。实验二采用眼动追踪技术，将字面／反语表达与肯定／否定量化词的"聚焦效应"相结合，在语篇阅读过程中考察语言语境（上下文关联）对反语认知加工的影响。实验将在线采集的数据划分为不同的兴趣区进行离线分析，通过分析不同兴趣区内的眼动指标及各个兴趣区之间的关系，讨论字面义是否被激活及反语义如何获得。实验三则借助对事件敏感且时间分辨率高的 ERP 技术，重点考察非语言语境如何影响反语认知加工。实验分为两个阶段进行，控制每个阶段的刺激材料中两个说话人使用字面评价和反语评价的频率，并且采用量表对受话人（被试）的语用能力水平进行评定和分组，旨在考察说话人的交际风格和受话人的语用能力如何协同影响反语认知加工的动态过程。具体地说，即了解说话人交际风格上的差异是否及如何影响受话人的反语认知加工；受话人语用能力上的差异是否及如何影响其对说话人交际风格的感知和识别，进而影响反语认知加工。

第四节　研究价值

本研究的价值主要体现在以下四个方面。

首先，从反语评价类型和反语语篇标记两个角度出发，考察语篇特征对反语认知难度及读者接受程度的影响。问卷调查结果表明，隐性反语的主观认知难度高于显性反语，读者对显性反语评价的接受程度高于隐性反语评价；语篇标记的使用能够有效降低反语目标句及其所在篇章的认知难度，提高读者对反语表达及其所在篇章的接受程度。相较于认知难度较低的本义表达，读者更喜欢认知难度相对较低的反语表达及其所在的篇章，进而说明具有适当复杂性的话语表达在一定程度上能够更加有效地实现交际目的，获得较好的交际效果。

其次，以肯定 / 否定量化词对其后代词回指推理的"聚焦效应"为切入点，讨论语言语境在汉语反语认知加工中的作用。借助眼动追踪技术，首次通过实验证明汉语中同样存在肯定 / 否定量化词对其后代词回指推理的"聚焦效应"，并且发现，反语表达条件下肯定 / 否定量化词对其后代词回指推理的"聚焦效应"会被消解，进而结合被试阅读其他兴趣区的眼动数据，推断话语字面义与反语义在加工过程中的激活情况及作用。

再次，考察不同类型非语言语境因素对反语认知加工的关联影响。在自然言语交际中，语言运用的具体形式灵活多样，影响反语理解的多种因素可能同时对受话人的认知加工产生影响。从现有的研究成果来看，学者们从语义、句法、语境及认知个体等多角度考察了影响反语认知的相关因素，但是绝大多数研究都只围绕其中的某一个因素作为变量展开。因此需要更多地探讨各种因素之间的相互影响，从而探索人类心智的作用机制。本研究首次同时从说话人（交际风格）和受话人（语用能力）两个角度入手，考察非语言语境因素协同影响反语认知加工的心理机制。

最后，提出反语认知加工的动态建构模型。认知语境理论认为，人作为交际主体和认知主体，是非语言语境的重要组成部分。然而，当前针对非字面语言的实证研究倾向于将认知个体因素作为与语言因素、语境因素并列的影响要素进行单独讨论。本研究以认知语境理论的重要观点为指导，开展实证研究，考察与说话人相关的语用知识在反语认知加工中的作用，以及受话人语用能力差异在此过程中产生的影响。研究结果证明了认知语境理论观点的正确性——人作为交际主体和认知主体，认知个体差异（受话人的语用能力）通过影响受话人对非语言信息（说话人的交际风格）的感知与识别，制约非语言语境的形成及作用，进而影响反语语用内涵和语境效果的获得。本研究结合三个实验的发现，提出了语境制约汉语反语认知加工的动态建构模型。

第二章

反语加工的理论模型

随着非字面语言理解研究的不断深入，反语在日常交际中的重要作用及其复杂的内在加工机制越来越受到学界关注，反语认知的加工过程及影响反语认知的相关因素成为近年来心理语言学和认知神经科学研究的热点问题，成果较为丰富。研究者们致力于寻找能够充分解释非字面语言加工的认知模型，从使用的心理动机及理解的加工过程等不同角度，提出了多种理论和假说。这些理论和假说有的专门针对反语认知加工，有的则对包括反语在内的多种形式非字面语言都具有较强的解释力。根据这些理论和假说的基本设想，大致可归纳为模块加工模型、直接通达模型、等级凸显模型及在线建构模型四大类。

第一节　模块加工模型

模块假说（module hypothesis）认为，无论语境信息如何，词汇通达的过程都是自动、快速且按照严格的序列进行的，信息只能由下往上运动，高一层次的信息对下一层次的加工没有影响。因此，反语认知的模块加工模型也可称为分步加工模型，主要包括标准语用模型、假装理论及润色假说。

一、标准语用模型

标准语用模型（standard pragmatic model）主要包括会话含意理论和言语行为理论。

会话含意理论（conversational implicature theory）认为，在会话等言语交际中，说话人应该遵守"合作原则"及其准则（包括量准则、质准则、关系准则及方式准则），要提供足量、真实、相关、简明的信息，这是人与人交际的理想化路径。含意（implicature）是一种受制于语境的和说话人交际意图相关的隐含信息，也称为语用含意。当说话人故意违反合作原则中的某条或多条准则后，可能产生不同于话语字面意义且与特定语境密切联系的会话含意。可推导性（calculability）是会话含意的特征之一，是指听话人一方面根据话语的字面意思，另一方面根据合作原则的各项准则，结合语境条件推导出相应的语用含意。

反语是说话人故意违反"质准则"的第一条次则（不要说自知是虚假的话），即说话人故意说一些不符合事实的话或者提供一些不符合事实的信息（所传递的交际信息并不是字面意义），让受话人推导出语用含意。会话含意的产生和推导必须依赖语境条件。对于受话人究竟如何对话语进行加工从而获得反语义，可参照会话含意的推导过程。说话人 S 的话语 P 具有会话含意 Q，当且仅当：S 讲出了话语 P；没有理由认为 S 不遵守准则，或至少 S 会遵守合作原则；S 说出 P 而又要遵守准则或总的合作原则，那么 S 必定想表达 Q；S 必然知道，对话双方都清楚，如果认为 S 是合作的，必须假设 Q；S 无法阻止听话人考虑 Q。因此，S 希望让听话人考虑 Q，并在说出话语 P 时意指 Q。

言语行为理论（speech act theory）在前人研究成果之上为探索人类的交际行为提供了新的视角和方向。言语行为理论的基本假设是：人类语言交际的基本单位不是简单的符号、词语或者句子，而是一定的"以言行事"行为，比如"陈述""提问""请求""命令""道歉""警告"或者"讽刺"等等。言语行为的特点是说话人通过说一句话或者若干句话来执行一个或若干个类似的行为，而且这些行为的实现还可能给受话人带来某些后果。从句法或者逻辑—语义的角度看，语言只能解决"言有所述"，但是从语用的角度看，语言可解决"言有所为"。言语行为不单指言有所述，且指言有所为，甚至涉及"言后之果"，即所述和所为之后给受话人可能带来的影响或后果。

要成功地实施言语行为，说话人必须考虑恰当的表达方式。从这个角度来看，反语是通过感情意义表现的言语行为。所谓感情意义，是指由于受到个人情感的驱使，说话人在表现言语行为时，对所谈论的事物表现出某种克制、夸大或加以讥讽、强调等，从而使话语带有或多或少的感情色彩，话语本身更具感染力，并使受话人获得更深刻的印象。带有感情意义的言语行为往往与会话含意结合在一起。

此外，反语还是一种非规约性间接言语行为。所谓间接言语行为（indirect speech act），是指通过另一种以言行事的方式间接地实施的"以言行事"。语句本身表达的类似言语行为称作"字面用意"，它与间接的"言外之意"（语用用意）相对，后者是在字面用意的基础上推断出来的。间接言语行为可分为规约性间接言语行为和非规约性间接言语行为。对于规约性间接言语行为，受话人根据话语的句法形式，按照常规可立即推断出间接的语用用意。非规约性间接言语行为较复杂，需要更多地依靠交际双方共知的语言信息和语境信息来推断。说话人的知识、受话人所理解的语境信息、受话人的知识及推断能力都会影响间接言语行为的理解和使用。

二、假装理论

假装理论（pretense theory）着重关注反语生成的心理动机，认为反讽的语义基础是假装。说话人假装糊涂无知，把自己的真实身份和真实观点隐藏起来，对受话人和旁观者说出与事实相反的话语，同时希望受话人能够识别其假装的意图，并明白说话人对受话人、旁观者和话语本身的态度。也就是说，当说话人 S 对受话人 A 说反语时，实际上是装作不明智的 S，正在真诚地对无知的 A 说话，S 示意具有共同背景知识的 A 去洞悉其假装本质，从而使 A 了解 S 的真正态度。尽管在此过程中，由于字面义不是说话人要表达的意义而被掩盖起来，但它仍然被激活，并且保留在听说双方的脑海中。此理论强调听说双方共有背景知识的信念在反语理解中的重要作用，听说双方背景知识的共有程度越高，反语理解的难度相对越低。

三、润色假说

润色假说（muting hypothesis）认为，反语是用来缓和否定的表扬或批评语气的。反语中，与语境不一致的字面义会得到某种程度的加工，并干扰要表达的反语义，即字面义被首先激活并保留下来淡化批评或表扬的反语义。他们的实验表明，反语比字面表达的语气更缓和，判断需要的时间也更长，进而推断反语理解肯定涉及一个与语境不相容的字面义处理阶段。

第二节　直接通达模型

20 世纪 70 年代，标准语用模型的理论假设开始受到质疑。许多学者通过实证研究来考察比喻性话语认知加工是否比字面话语加工需要受话人付出更多的认知努力。一些研究发现，在现实语境中，受话人理解隐喻、反语、惯用语及谚语等比喻性话语和理解相同语境条件下的字面话语在阅读时间上并不存在差异，认为标准语用模型对比喻性语言认知加工的假设与事实不符。因此，学者们又提出了一系列支持直接通达假说的理论模型，可统称为直接通达模型或一步加工模型。

一、直接通达假说

作为最早采用心理学实验手段考察非字面语言认知机制的学者之一，吉布斯（Gibbs）通过一系列行为实验发现，受话人理解反语表达所需要的阅读时间等于甚至短于与其含义对等的字面表达，由此提出直接通达假说（direct access hypothesis）。该假说强调语境对意义的选择作用，其基本思想是：并非必然存在加工并且拒绝话语字面含义的认知过程；语境信息在词汇激活的初期就发挥作用，与语境一致的意义（反语义）直接被提取，与语境不一致的意义（字面义）则不会被激活；词汇通达的初期就是反语加工的结束。

二、回应提醒理论

回应提醒理论（echoic reminder theory）支持直接通达假说。回应提醒理论认为，语境在反语认知中起着重要作用。当语境信息充分且支持反语理解时，受话人能够越过不符合语境的字面义而直接获取反语义。此理论特别强调提醒线索在反语认知中的重要作用，认为反语是提醒的一种，直接提醒受话人注意到事实与期望之间的不一致，从而表达说话人对事实的观点和态度。反语认知过程是受话人直接借助于外显提醒线索（先前的话语或事件）或内隐提醒线索（共同的想法或社会准则）而实现的，不需要经过字面义加工阶段。由于语境引导理解过程，意义被直接提取，所以也不需要修正或后续加工过程。

三、暗示假装理论

暗示假装理论（allusional pretence theory）同样强调语境在反语认知中的作用，认为反语理解的初期并不存在字面义加工过程，因为字面表达属于语用诚实的话语，而反语表达则属于语用虚伪（pragmatic insincerity）的话语，即说话人并不期望受话人相信其话语。受话人也不会假设说话人的话语具有语用诚实性，话语语义的激活被用来确定话语是否诚实。判断话语是否诚实的过程不是序列加工过程，而是并列加工过程。这一理论着重强调受话人对语用虚伪性的识别是反语认知的必要前提，受话人在识别语用虚伪的同时直接获得反语义。

第三节　等级凸显模型

虽然一些实验结果表明受话人理解反语表达所需要的时间等于甚至短于理解相同情境下的字面表达，但是有学者认为，并不能充分论证支持其提出的直接通达假说，至少不能证明丰富的语境总是能够促进反语认知加工这一基本假设。等级凸显假说（graded salience hypothesis）的提出打破了一直以来对于语义的"字面义 vs 非字面义"两分法，认为语义是从"极显性"向"非显性"过渡的连续统，在话语（尤其是反语、隐喻、惯用语和幽默语言）处理中显性意义总是首先通达。显性意义是在人们心理词典中检索出的意义，而非从语境中生成的意义，有时是字面义，有时是与语境吻合的非字面义，有时是两者。显性程度是由词义的规约性（conventionality）、词的熟悉程度（familiarity）、使用频率（frequency）和典型性（typicality）来确定的。乔拉（Giora）将反语表达依据熟悉度高低进行了区分，考察了不同熟悉度的反语在字面义偏向语境和反语义偏向语境中的理解情况。研究表明，在两种语境条件下，低熟悉度反语只有一种显性意义（即字面义），受话人要通过一个后续加工过程才能获得说话人想要表达的非显性的反语义，反语义是在显性的字面义被拒绝之后才获得的；高熟悉度反语则有两种显性意义（即字面义和反语义），无论是在字面义偏向语境还是反语义偏向语境中，其字面义与反语义都会同时被激活。

等级凸显假说本身只能说明反语加工早期的情况，保留假说（retention hypothesis）则解释了加工后期的语义整合的意义。根据保留假说的"功能原则"，如果某一激活的意义有利于构建对该话语的理解，则被保留下来，无论是否适合于语境；如果有妨碍作用，就会被抑制；但显性程度高的意义则难以被抑制；反语表达的字面义充当评估反语情景的参照点，有利于理解说话人要表达的意义，因此，无论与语境是否一致，都会被保留下来继续参与后续加工。

第四节　在线建构模型

一、概念合成理论

概念合成理论（conceptual blending theory）的基础是概念隐喻理论（conceptual metaphor theory）和心理空间理论（mental space theory）。概念隐喻理论提出了源域和目标域间的映射；心理空间理论认为各种连接器连接了人们使用语言时所创建的心理空间，这些连接器为跨空间映射提供了可能。在此基础上，概念合成理论为意义建构提供了新的视角。概念合成是人们的思维方式，是人们的基本认知操作能力，具有动态的特点。与概念隐喻理论的双域映射不同，概念合成模式包含四个心理空间之间的映射关系。概念隐喻理论的认知域是相对稳定的且已经存在的知识结构，而概念合成的心理空间是意义建构的在线过程（on-line process of meaning construction）中所产生的暂时结构。

概念合成模式的基本要点如下：①该模式包含四个空间，即两个输入空间（input spaces）、一个类属空间（generic space）和一个合成空间（blend space）；②两个输入空间的对应物之间存在部分映射，被称为跨空间映射；③两个输入空间之间的跨空间映射产生了类属空间，该空间反映了两个输入空间共享的抽象结构与组织；④两个输入空间的部分结构被选择性地投射（selective projection）到合成空间，即并非所有来自输入空间的结构都会投射到合成空间；⑤合成空间产生突现结构，合成空间里的突现结构源于三种过程，即组合（composition）、完善（completion）和扩展（elaboration）。组合过程将来自两个输入空间的结构组合起来，形成新的结构。为了完成组合的过程，还必须进行图式归纳（schema induction），即无意识地、不费力地调用已存在的知识结构或框架来组合两个输入空间投射的结构，这个过程就是完善。扩展过程是产生合成空间独享结构的在线处理过程。

概念合成理论作为抽象化的理论工具，由于能够较好地描述和解释语义的推理和产生，被广泛应用到非字面语言认知研究中。对于反语认知，尤其是反语动态意义的建构过程，概念整合理论具有较强的解释力。以"Green is very knowledgeable，because he even knows Shakespeare"为例来阐释反语的概念合成过程。这句话中有两个输入空间。输入空间 1 包括信息"Green 非常博学"，输入空间 2 包括信息"他甚至知道莎士比亚"，连词"because"是空间桥梁，形成两个输入空间之间的因果关系。一般说来，"Green"是个男性的名字，与输入空间 2 中的"he"形成跨空间映射和对应。众所周知，"knowledgeable"用来描述对某一（些）学科拥有大量知识的人。但在输入空间 2 中除了"Shakespeare"外没有这样的对应成分。文化背景信息告诉我们，英国著名的戏剧家莎士比亚家喻户晓，所以，一个人知道莎士比亚算不上博学。两个输入空间之间的冲突促使人们建立合成空间来理解话语所传递的意义和情感。两个输入空间中的语义项被选择性地投射到该合成空间，通过组合认知过程形成建构"Green is probably not knowledgeable"，进而与长期储存在人们大脑中的"knowledgeable"的典型特征相匹配。最后，通过扩展认知过程形成一个新的层创结构，表达与字面相反的意义"Green 根本不博学"，说话人想以一种得体、委婉的方式讥讽 Green 知识贫乏。概念合成理论对反语的分析可以更加清楚地阐明反语动态意义的建构，有利于描述和解释反语的理解过程。

二、框架转换理论

框架（frame）是记录个体或团体的心智世界与物理世界进行动态双向互动后形成的认知经验的概念系统或经验空间。语言意义的理解过程就是启动并填充框架的过程，即自动激活所涉及的一整套知识经验的过程。当人们接触到新信息时，就会从知识经验中激活、提取信息组块（chunks），也就是激活框架。在语言解释理解过程中，人们从知识经验中获取框架并建构语言意义。意义建构主要就是框架的建构（constructing frames），框架内成分和成分之间的关系通过跨心理空间建立。框架是空位槽结构（slot/ filler structure）、缺损值（default value）和弱限制（weak constraint）的表征，这些特点允许框架内循环的框架嵌入，这种框架内循环的框架嵌入就是框架转换（frame-shifting）。

框架转换理论认为，语言运用的一个重要特点是使用者在交际过程中会借助话语信息激活并建构一个能表征句子意义的框架，被激活的框架由一系列空位槽组成，这些空位槽会形成使用者的解释和心理期待，影响使用者对话语的理解。毫无疑问，意义总是来自于特定的语境，没有语境也就没有意义。如果缺少明示的语境，说话人会根据自己的典型情景知识和话语的缺损值创造一个与当前话语相匹配的语境。附加语境必然导致已有信息表征的重新表征，弱限制的表征特点允许语用者对语言进行再分析和更多复杂的推理。因此，言语意义的构建是来自一个或多个域的框架被组合和再组合的心理过程，语言使用者从框架中获取信息和以框架为基础进行推理，并根据信息的输入而转变框架，并衍生一个新显结构（emergent structure），也就是合成一个新的颠覆性框架（subversive frame）。这就是框架转换理论对语言加工模式的解释。

反语的显著特征之一是说话人的话语和其隐含意义之间存在明显的不一致，框架转换则是消解这种不一致的基础，对人们理解和使用言语反语起重要作用。许多针对幽默语篇的语言学分析证实了框架转换在理解和使用言语反语（verbal irony），尤其是反讽（sarcasm）中的重要作用。在一些具有文化特异性的情境下，反语性幽默的理解和使用与框架转换尤为相关。实证研究表明，在语言加工过程中，框架转换需要受话人付出额外的认知努力。例如，相对于字面表达，幽默表达诱发出现较大波幅的 N400 成分。

三、关联理论

关联理论（relevance theory）认为，人们在意向性言语交际中理解语言，有赖于一个明示—推理过程。一般说来，说话人的话语总是尽可能提供具有关联的信息，明白无误地示意，这就是明示。说话人明示行为背后的真正目的在于引发听话人对信息意图的反应，而听话人则选择有关联的假设，对说话人用明示手段提供的信息进行逻辑推理，从而推导出说话人的真实意图。话语的隐含，如反语、隐喻及言外之意，要靠推理来认知。推理的过程就是寻找话语与语境关联的过程。人们通过不同程度的努力，根据话语提供的词语信息、逻辑信息和人们本身具备的百科信息，在推理中选择最适合的语境，并求得话语与语境之间的最佳关联，从而正确认识和理解自然语言。

关联理论将反语视为回声性解释（echoic interpretation）的一种情况，认为真正的反语具有回声性，主要用于讥讽回述的想法。反语态度可能是一个连续体，含带着不同的态度和情感成分，这些成分的边界并不分明。言者置身于回述的看法之外，表明那并不是自己的想法。识别出话语是回声的、确定回声观点的来源及识别出说话人对回声观点的态度是一切反语语句解释的共同要素。由于非字面话语传递附加的认知效果（说话人的态度、看法等），受话人为了理解话语获得认知效果需要进行推理，受话人付出额外的认知努力并非由于需要首先加工进而拒绝话语的字面含义，而是由于受话人对话语进行深入加工直到获得最佳关联。从这个角度来说，非字面语言与其他字面语言并无本质上的区别。

关联理论还为语境如何促进包括反语在内的非字面语言理解提供了许多细节上的描述。事实信息（factual information）、物理情境（physical setting）、非语言交际（nonverbal communication）、传记资料（biographic data）、共有知识（mutual knowledge）、先前话语（previous utterances）及语言线索（linguistic cues），都是为反语认知加工提供多种语境信息的重要来源。说话人反语意图的识别依赖于受话人对话语所陈述的命题与被激活的语境信息之间不一致性（incompatibility）的探察。恰恰是这种不一致性引导受话人努力从非字面义的方向寻求话语与语境间的关联并加以推理，从而使话语产生最佳语境效果（context effects），达到理解的目的。话语激活的多源语境信息越丰富，信息显明程度越高，说话人所陈述的命题与语境信息越不一致，认知加工越容易，受话人获得隐含反语义所需要的额外认知努力越少。当激活的显性语境信息不足时，受话人就可能无法识别说话人话语的意图。

四、限制—满足理论

基于联结神经网络（connectionist neural network）的限制—满足模型（constraint-satisfaction model）认为，认知过程中被激活的各种线索（cues）和限制因素（constraints）就如同神经网络中的各个节点，这些因素相互联系且激活程度不断受到调节，当整个网络达到平衡稳定的状态时，认知加工结束。限制–满足模型运用与语言统计性结构相关的信息，比如读音、单词及词组的分布变化，来描述语言习得和理解的过程。语言线索和非语言线索以非线性的方式进行整合，多重线索的组合与统计性规律部分相关。依据限制–满足模型的观点，传统语言学表征（音位、音节、词素及单词等）并非直接编码在记忆中，而是作为一种恰当的描述存在，用于伴随经验产生的更高层次的统计归纳。

近年来，一些学者开始运用此模型来解释非字面语言的理解。根据限制–满足模型的观点，在反语认知过程中，相关的语言和非语言信息（包括话语本身、多种线索和限制因素）被同时且快速地处理：如果所有线索和限制因素都指向反语解释，那么加工结束；如果存在其他可能的解释，受话人则需要通过对各种解释进行评估的竞争过程（competitive process），从而获得与各种线索和约束因素最相关、最一致的反语解释；并不存在某种信息优先处理的序列加工，实验中受话人较长的阅读时间是由于平行处理多重线索和评估各种可能的解释导致的。一项事件相关电位实验发现，虽然被试理解反语需要付出更多的认知努力，但是反语通达发生在认知加工过程的早期，即被试在读完反语表达的最后一个词之前就已经获得反语义。另一项行为实验，则通过事先告知被试（5～8岁儿童与成年人）玩具鲨鱼表示刻薄、不友好的人，玩具鸭子代表亲切、友好的人，然后以布偶剧的形式呈现两个虚拟人物间的对话，其中一个人物在剧末对另一个人物做出字面或反语评价，要求被试判断说话人的意图并在玩具鲨鱼和玩具鸭子中做出选择。用摄像机记录整个实验过程，尤其是被试完成选择任务时眼睛的注视行为。实验结果支持同步加工模式：尽管儿童理解反语所需的反应时更长，但是眼睛的注视方向（玩具鸭子和玩具鲨鱼分别位于被试左右两边）表明，儿童从加工一开始就在考虑与字面表达相反的反语义。

第五节　本章小结

随着反语认知研究的不断深入，学者们运用不同方法，从多个角度考察了反语的认知加工机制，取得了许多有价值的成果，但也存在不少莫衷一是的分歧。长期以来，许多学者致力于寻找能够解释多种形式非字面语言加工的普遍认知模型。然而事实上，可能并不存在这样一种统一的认知模型，因为每种形式的非字面语言都具有不同于其他形式非字面语言的显著特点。就反语而言，一方面，隐喻、惯用语及谚语的句法形式相对固定，意义的获得很大程度上取决于惯例性，反语的使用形式则较为灵活且对其意义的理解也更加依赖语境；另一方面，说话人使用反语能够实现不同的交际目的，包括增加人际交往的趣味性、出于礼貌缓和语气、强调自己反对和讽刺的态度、引起与受话人之间的情感共鸣等等。换言之，反语表达包含更为丰富的语用内涵（情感和态度）。

本章回顾前人提出的反语认知相关的理论和假说，依据基本假设，将其归纳为模块加工模型（标准语用理论、假装理论、润色假说）、直接通达模型（直接通达假说、回应提醒理论、暗示假装理论）、等级凸显模型及在线建构模型（概念合成理论、框架理论、关联理论、限制—满足理论）四大类进行详细讨论。

模块加工模型、直接通达模型和等级凸显模型着眼于描述反语认知加工的过程，其根本分歧在于：①反语的字面义在加工早期是否必然被激活及字面义是否参与加工后期的语义整合；②语境在反语认知加工中的作用。从现有的研究成果来看，在线建构模型是比较符合客观事实且具有较强解释力的反语认知模型，但也存在一定问题，比如对参与加工的认知线索与限制因素的概念界定不够明确具体，以及未阐明影响反语认知加工的所有线索和限制因素何时及如何起作用。

第三章

反语加工相关的语境理论

阐释意义建构和理解的过程，一直以来都是语言学家不懈追求的目标。为了考察语境影响反语认知加工的作用机制，我们有必要对与其相关的语境理论进行回顾和梳理。概括地说，从语义学领域到语用学领域，语境研究经历了由静态到动态的发展过程。认知科学的发展和语境研究的深化，又促使动态的语境研究逐步走向认知语境研究。

第一节　语用视角下的语境研究

在语义学基础之上发展起来的语用学，与语义学有着密不可分的关系。传统语义学着重研究的是语言知识层面上的意义，即根据单词、句子同客观世界中事物之间的关系去研究它们的意义。这种研究的对象基本上就是词汇、命题、句子结构等语言形式层面上的意义，因此并不涉及语境。但是面对千变万化、丰富多彩的言语交际，这种脱离语境的理论和研究方法一度使语义研究面临尴尬和困境，并促使之后的研究不可避免地转向自然语言中的话语意义研究，即从语言形式层面的意义研究转向语言使用中的意义研究。

语用学作为对语义学的补充，研究的是使用中的语言。正是由于语用意义研究与语境的不可分割，无论是语用学理论建构还是研究实践，语境研究都是其中不可或缺的重要内容。熊学亮指出，"语用学实际上是一门语境学，用来研究语言的显性内容和隐性内容是如何通过语境发生关系的"。概括地说，从语义学发展到语用学，在研究对象和方法论上的转变，本质上就是语境从无到有，从被忽视到逐步介入，进而被高度重视的过程。

一、语用学中的语境定义

Pragmatics 是语用学研究领域内具有较大影响力的专著之一。作者莱文

森（Levinson）在书中提出，"语用学是研究语言与对语言理解具有根本影响的语境之间关系的学科"，强调语境的功能，即语境对语言理解的根本性影响。作者还进一步指出，要弄清语境指的是什么，首先必须区分话语发生实际情景中的诸多特征，以及与话语产生和理解真正相关的那些特征。在他看来，语境应该是指后者，即语境指的是对话语理解实际产生影响的那些语境因素，而不是话语产生情景中的所有语境因素。这种语境描述限定了语境的内容，既不是漫无边际的所有因素，也不是可以预先指定的。但在研究语境时，人们还是可以对语境包含的可能因素进行归纳和描述。虽然语境所包含的范畴很难界定，人们必须考虑到语言使用者在特定的时间里使用语言时的社会和心理状况，但是语境至少可以包括语言使用者的信仰及时间、空间、社会背景，之前、当前和将来行为的假设，还包括交际参与者的知识状况和留心程度，等等。这些针对语境内容的列举为我们描述了语境的概貌，有助于部分地消除语境概念的模糊性。

二、语用视角下的语境理论

从格赖斯（Grice）与瑟尔（Searle）的理论中语境意识的出现，到范·戴克（van Dijk）跨学科视角的语境研究，再到维什尔伦（Verschueren）从综观视角对语境进行全面、深入的探讨，语境研究经历了从萌芽到不断发展并且不断完善的过程。

会话含意理论（conversational implicature theory）的大致思想为：人们在交际中彼此使用的一系列话语并不是毫无联系的组合，而是说话人之间相互合作的体现。为了保证会话顺利进行，双方都会遵守同一个基本原则，即"合作原则"。此原则又可推衍出四条次准则：质准则、量准则、关系准则和方式准则。合作原则是会话推理的基本前提，即双方都假定对方是合作的，这样交际才能得以进行。但在实际会话中，说话人会有意违反某一或某些准则来表达自己的真实意图，实现自己的交际目的。基于合作原则，交际双方都认为彼此的话语是相关的、合作的，受话人就有理由认为根据说话人话语的字面意义、结合语境去推导说话人话语中的深层含义是有意义的行为，从而推动交际的进行，受话人推导出来的意义就是会话含意。由此可见，尽管会话含义理论并没有专门针对语境的地位和作用做出详细论述，但我们依然能够从中清楚地看到格赖斯（Grice）的语境意识，他对会话含意的讨论始终是基于语境的。比如，受话人推导会话含意需要依据不同的准则，而所有违反或者遵守某一准则的判断都必须参照具体使用中的语境才能得出。

虽然在言语行为理论（speech act theory）中，对语境的探讨仍然十分有限，但是相较而言，语境的地位和作用开始受到更大的重视，得到更加深入的探讨，主要体现在对间接言语行为（indirect speech act）的论述中。根据其观点，间接言语行为所要解决的问题是解释说话人如何通过说此而指彼，以及受话人如何理解那些他所听到的、实际意义与字面意义不相符的话语，如何从说话人的"字面用意"（literal force）推断出其间接的"言外之意"。可以通过话语的理解所涉及的恰当行为的条件来理解这种间接言语行为的意义，这些条件指准备条件、命题内容条件和真诚条件。不仅如此，在间接言语行为中，说话人向受话人传达超出他所说话语字面意义以外的意思，是通过依赖他们所共有的背景信息，包括语言的或是非语言的信息，此外还借助了受话人的总体理性和推理能力。显然，后者的语境意识更为明显，论述也更具说服力。

范·戴克的语境思想主要体现在其话语分析理论中。他认为，话语分析和语境的关系密不可分，研究话语就应该研究语境，语境有局部语境和全局语境，社会语境和文化语境之分。此外，语境还涉及的因素包括：①场景，不仅指物理空间上的位置和时间，还指是私人场合还是公共场合、非正式场合还是机构性场合（比如法庭）；②与话语或文本相关的典型物体（props），如法庭或教室中的语言具有特殊类别；③涉及某些特殊的物体：工作服、特殊的家具、设施等；④相关的非语言行为（action），包括参与者的行为、意图、计划和目的等。值得注意的是，在范·戴克的语境观中，参与者被视为语境的关键因素。他特别强调交际参与者的中心作用，在分析语境因素时总是注重相关性。他认为并非所有因素都相关，只有当这些因素的存在被系统地体现在口语交际或者语篇中时，才会变得相关，才能被定义为语境的一部分。他还明确指出，语境不是客观的，语境因素是被理解和被建构的，而且是被交际参与者有策略地、不断地变得相关的。随着其语境研究的不断深入，他提出"语境反映的是某个社会环境中的所有结构性特征，这些特征可能跟篇章话语的产生过程、结构、解释和功能有关"，并且强调语境是语言使用者主观建构的，其语境研究的认知视角开始逐渐显现。

维什尔伦的顺应论（adaptation theory）认为，语用学不是与句法学、语义学、语音学等并列的学科，因为它不像这些学科那样各有自己可固定利用的语言资源和分析单元，语用学是一种独特的"视角"（perspectives）。维什尔伦所指的语境相关成分总体上包括交际语境和语言性语境。交际语境包括语言使用者、心智世界、社交世界和物理世界。语言性语境包括语言信道、语境衔接、互为语境和话语序列。

语言使用者是维什尔伦语境相关成分的焦点，因此他在讨论交际语境时最先讨论了语言使用者因素，包括说话人与释话人。他以实例详细阐明了说话的多种发话声型对话语意义的影响，因为在现实交际中，很多时候说话人所说的内容并非他自己想要说或者自己可以决定的，即说话人并不是他所说出的信息的真正来源，存在着转述他人话语的情况，或转述虚拟说话人话语的情况。说话人的不同发话声型对意义的表达方式及在听话人那里激起的反应可能存在不同。比如在转述别人的批评时，说话者有可能用更委婉的语气或措辞，而听话者也可能会直接地表达自己对批评的反应。释话人也可以扮演多种角色，可以统归到在场人（presence）的类别之下。释话人可以是交际中的一方，也可以是近旁参加者（side participants）、旁听者（bystanders）、飘言入耳者（overhearers），这些在场人随时可能加入到交际中，成为受话人，即使这些在场人并没有真正参与交际，他们的存在本身也会对话语产生影响。比如在某个公共场合，两个人在谈论另外一个，旁边有许多人，这些人即使没有直接参与会话，但他们的存在必然会影响两人交谈中的话语，如措辞、声调、表达方式等。

维什尔伦所讨论的心智世界包括认知成分和情感成分，把心态纳入他的语境观。在心智世界部分的讨论中，他主要分析了说话的心态，特别是情感成分和语言选择间相互作用的关系。他认为在交际中，说话的情感成分包括欲望或愿望、具体的动机或意图，以及说话者个性、信念系统等方面的因素。交际中不同的话语表达说话者不同的心态，而认知成分以种种概念化的形式提供了沟通心智世界和社交世界的桥梁。

　　社交世界是交际语境的另一个重要组成部分，其中大多数要素与社会场景或公共制度的性质有关，包括社交者的社会地位、交际的场合，以及存在于交际者之外的社会机构、组织等赋予交际者的权利、地位及话语权等，这些要素对说话者的话语选择（包括措辞、风格等）、话语内容和意义都会产生影响。因此维什尔伦认为，"语言选择与社交世界的关系中最重要的现象是特定场景、特定公共制度或特定社区特有的交际规范，这些规范都是必须遵守的"，它们会具体而切实地影响交际语言的选择和意义的理解。文化也是社交世界的要素，文化及其发生出来的规范和价值观，一直都是语用学文献中最能反映社交世界语言选择的关系的成分，但维什尔伦注意到以往对文化的考察常常是过分具体地体现，甚至把不同的文化视为现实世界中的"实体"，这些实体可以当作具有可明辨的特征的有机体来处理。这种处理文化的方法有过于理想化的倾向，因为文化的维度包括了口语社交和文字社交、乡村生活模式与城市生活模式、主流环境和亚主流文化环境之间的对比，与语言选择相互适应的还有其他社会维度，包括社会阶层、种族性及种族、民族、语言集团、宗教、年龄、受教育程度、职业、亲属、性别、性别优先等等。

　　物理世界是维什尔伦所讨论的交际语境的最后一项。他在物理世界语境相关成分中讨论了时间指称、空间指称、物理世界中的发话人与释话人，以及言语的物质条件等四个方面。

　　综上所述，语用学作为一门研究语境中的意义的学科，它的发展与语境研究的发展密切相关。从纯语用学到描写语用学、应用语用学，从具体语用现象分析到语用的综观理论，语用学研究经历了从静态到动态，从零散到相对集中、系统的发展过程。而在语用理论日渐完善的基础之上，语境理论也逐步得到充分的发展。从格赖斯与瑟尔的理论中语境意识的出现，到范·戴克跨学科视角的语境研究，再到维什尔伦从综观视角对语境进行全面的探讨，动态性是语境最为显著的重要特征，构成语境的各种要素得到更加充分的挖掘和讨论，语境的作用机制也得到了更为深入的探讨。

第二节　认知视角下的语境研究

认知语境是在传统语境的基础上发展而来的。传统语境研究中对一切可能对交际意义产生影响的因素进行罗列，在使人们认识了语境构成的可能因素的同时，也使得语境的范围变得庞杂、无限，尽管这些因素在解释意义建构和诠释的时候并非都有意义，但传统语境研究的这一成果不容忽视，它既是语用学领域内语境动态研究的前提，也是认知视角下认知语境研究的基础。概括地说，从传统语境到认知语境是语境研究发展的延续。

一、认知语境的定义

一般认为，"认知环境"概念的提出，标志着认知语境研究的开端。斯珀伯（Sperber）和威尔逊（Wilson）从认知的角度重新定义语境，认为"语境是一个心理建构体（psychological construct），是听者关于世界的假设集，就是这些假设而不是世界的真实状态影响一个话语的理解"。可见，他们所探讨的语境是一个与传统语境完全不同的概念。认知视角下的语境研究不再局限于直接的物质环境或语篇中前文出现的语句（proceeding utterances），对未来的期望、科学假设或宗教信仰、记忆中的轶事、普遍文化定识、对说话人心理状态的揣度等都可能对话语的解读起作用。因此，认知视角下的语境可能涉及的范围更广。

在提出"心智模式"这一概念并详细讨论其种种特征之后，范·戴克发展出"语境模式"概念，并将其定义为"在参与（社会、互动、或交际）情景时，参与者对该情境相关属性的一种特定的心智模式或主观解读"。这一定义描述了在交际中具体情景及相关属性对参与者心智模式和主观心理的影响，范·戴克的认知语境就是这些具体情境及相关属性通过交际参与者的认知心理作用所形成的对该情景的解读方式。他在定义中强调交际者主观上的认知心理是话语和语境之间的中介面，这个中介面是属于认知层面的，是关联实现的媒介。同时该定义也显示了交际者对认知语境的主观操控能力，不同的解读方式会生成不同的认知语境，从而对话语的意义产生不同诠释。此外，这个定义还注意到了交际中的具体语境因素，即情境对交际者认知的激活作用，以及情境与交际参与者认知心理间的相互作用关系，解释了认知语境的建构方式。

国内学者多年来一直关注语境研究，多次对认知语境进行定义。熊学亮提出，人的知识结构是对外部世界结构化的结果，而具体场合和个人经常用到或出现的语言使用特征，也可以在大脑中结构化，变成大脑中的种种关系。一提到某一具体场合就会想到该场合可能用到的语言表达，而一提到某种语言表达就会自然想起与这种表达有关系的场合。这种语用因素结构化、认知化的结果就是大脑中的认知语境。认知语境是人对语言使用的有关知识，是与语言使用有关的、已经概念化或图式化了的知识结构状态。从第一个定义可以看出，不同于传统语境观把语境归结为交际者的知识结构与客观情境因素的总和。认知语境的最大特点在于它主要指以知识结构形式存在于交际者大脑中的隐性的知识因素，即使是外在的、客观的情境因素也必须通过交际者的认知行为才能成为影响交际的认知语境。第二个定义则揭示了认知语境的结构性特征，强调人的经验知识被认知化、结构化，形成概念或图式之后，进而形成交际者的认知语境。

刘森林则认为，人的知识结构是对外部世界抽象化的结果，个人经常用到的语言或语言特征及语境单元也会在个人的大脑中结构化。认知语境的操作以"命题""知识结构"和"心理图式"为基本单位。这样，原有知识结构就变成了语用推理逻辑的组成部分，原来的具体语境因素就变成了头脑中的种种关系。这种认知语境语用因素的认知化、结构化，最终就构成了大脑中的认知语境。不难看出，此定义与熊学亮的定义存在相同之处，把具体语境因素转化为"头脑中的种种关系"，即把显性的具体语境因素转化为隐性的交际者头脑中的认知语境因素。刘森林试图通过语境知识的结构化，使之成为语用逻辑推理的组成部分，从而使语境因素在逻辑推理中变得易于操作。

王建华等人所著的《现代汉语语境研究》是国内学者进行语境研究的重要成果之一。他们认为，认知语境是言外语境中最为灵活的一种语境，也是内隐性最强的语境，因为它与交际者的知识背景、认知水平、心理能力、评判能力、审美能力等有着密切的关系。这一定义把认知语境归结为言外语境的一种（不包括即时输入的语言信息部分），着重描述认知语境的性质特征，强调认知语境的内隐性及它与交际者的关系。

黄华新与胡霞从认知语境的建构和作用机制出发，认为认知语境作为一个心理建构体，与心理学上的建构一样，都强调了主体基于原有的知识和经验对新信息的意义的建构，它是新输入的环境信息与大脑中的已有信息相互作用、相互整合而"凸现"的结果。换言之，认知语境是由即时输入的外部新信息（包括环境信息）与已经内化于交际者头脑中的旧信息（记忆中的经验信息），以及两者相互作用所推导出来的新信息共同构成的。

胡霞对认知语境从广义和狭义两个角度进行区分和考察。广义的语境是指与当前物理环境有关的知识集，它不一定发生在言语交际中，可以是人们的视觉、听觉、嗅觉等方面的认知，即包括了客观存在的语境触发。但广义的认知语境如未被激活，则处于静止状态。而狭义的认知语境则是指和当前话语有关的那部分知识集，它只发生在人们的言语交际中。换言之，广义的认知语境是那些可以为交际者所感知和推理得出的所有潜在事实的集合，而狭义的认知语境则是指在交际中真正被交际者识别并对意义建构和诠释起作用的那部分语境。基于此，她重新将认知语境界定为"在具体的交际过程中，认知语境并非一个人所有知识与假设的全部，我们认为，认知语境应该是在当前每一交际主体的可能世界中，主体所识别的输入信息与被识别的输入信息所激活的相关信息之和，而输入信息与被激活的相关信息呈现一种函数关系"。此定义解释了认知语境的生成机制，指出了认知语境与认知主体二者之间的关系。

二、认知视角下语境理论的演进

关联理论认为，"一个人的认知环境是对其显明（manifest）的事实之集合"，其中所谓显明就是能被感知或推断得出的事实，也就是"一个人的全部认识环境就是他能感知或推出的所有事实之集合，是其所处的物质环境及其认知能力两者的函项"。它与传统语境定义的不同之处在于，它不仅仅包含传统语境概念中的情境，即物理环境，还增加了交际者通过认知所能演绎推理得出的事实，即从人们所实际拥有的知识中演绎推出的定识（assumption）。可见，认知环境可能涉及的范围实际上比传统的语境更大，所不同的是这些涉及的事实都需要经过交际者的认知，即感知或推断，才能构成认知环境的一部分。他们在论述中强调交际者通过感知和推理得出的语境事实，因为每个交际者生活的具体物质环境不同，个人的经历不同，所获得的经验也不同，这些不同的经验造就了交际者不同的认知能力和心理环境，由此建构出的认知环境自然也不同。因此，一个人的认知环境实际上"是他所得到的定识之集合"。

此后，他们认为这样的"定识之集合"并不能令人满意地解释人们加工信息的真实过程。既然交际中双方的认知环境不可能完全一致，不可能共享全部的认知环境，那么真正能够促成成功交际的并不是交际双方的认知环境之和，而是双方认知环境的交集，因此提出了"互为明示"（mutual manifestness）的概念，用以描述交际中双方的互有认知环境。在这个环境中，就每个明示的定识而言，该定识对共享此环境者皆为明示这个事实本身也是明示的，以此构成双方的交际基础。双方在交际中所运用的认知语境只是认知环境中互为明示的这一部分，即对双方共同明示的所有事实之集合。通过这样的解释，交际中对双方真正具有影响的认知语境的范围得到进一步限定，并且更为具体。

对于如何解释交际中认知语境的建构过程，信息之所以值得加工是因为它具有关联性。"关联"这一概念可以用来确定人们最可能用于构建和推理加工的定识，同时也解释了信息加工中的效率问题。人在交际时的认知效率在于根据既有资源尽可能完善个人对世界的认知，即根据旧信息并结合那些与旧信息有联系的新信息，这种新旧信息组合加工而导致信息的增值效果，就是他们所谓的关联。因为人是最有效率的信息加工器，以最小的认知努力获得最佳的认知效果是人们认知事物的自然倾向，也是人作为区别于其他动物最突出的优势。用"关联"原则来解释人们信息加工过程中的效率问题，不仅揭示了认知语境的构成特点，也揭示了它的形成规律和特征。

在众多的西方语言学家中，范·戴克是最为突出的语境研究者之一，他对语境进行深入探讨，提出语境模式理论，力图将语境研究完善成为一套跨学科、自成体系的理论。心智模式是从认知视角出发提出的一个重要理论模式，正是在详细讨论心智模式种种特征的基础之上，范·戴克发展了他的语境模式。他认为，语境不是一些客观的社会情境，而是基于参与者社会经验主观建构起来的关于这些情境中与他们相关的一些属性，也即心智模式。语境模式则是一种特定的日常经历的心智模式（mental model of everyday experience），具有心智模式的一切特征；而语境模式的独特之处在于，它体现的是言语交际，并对我们话语的策略性结构加以组织，使之与整体交际情境相适应。

语境模式储存在实践记忆中；是独特的、主观的、因人而异的；是基于社会知识和其他社会共享信念的；能够凸显交际参与者对进行中的事件的观点和情感态度；能表征特定的交际事件；可以成为未来语篇的基础；是动态的，而且被不断更新的；对进行中的交际具有制约作用，使其使用社会环境；它们是由对即时事件策略性的解读构建和更新的。在形成语篇和交际的普遍知识时，语境模式可以成为概括、抽象和去语境化的基础，是通过图式和限定各种交际事件范畴组织而成的。

语境模式与心智模式存在许多共有属性，同时也包含其本身所特有的属性，如整体和局部语境（global and local contexts）、语境图示和范畴、自我中心（egocentric）和语境模式的范围限制性（size constraints of context models）等。其中，"自我中心"是语境模式的核心概念，强调交际者因素对语篇建构和解释的影响，所有行为都围绕"自我"展开。"自我中心"还提示着"自我"与其他参加者之间的关系。以"自我中心"为关键范畴的语境模式无疑具有主观性，交际的情境可能是非常复杂的，但参与者必须将这些语境信息概括归纳为一些图式结构的形式组织，从而限制语境以免过于庞大，便于在工作记忆中将语境的限制功能运用到语篇的加工中。

目的和意图（goals and intentions）是语境模式所具有的一个心智特性，是语境模式的重要组成部分。范·戴克认为"理解意图是人类认知的关键性发展……意图使行为的意义明确"。反过来说，理解话语就必须重建说话人的交际意图，没有交际意图就没有会话的意义。意图是语篇和世界之间的交界面，是属于交际参与者认知层面的。此外，知识（knowledge）在语境模式中也占有重要地位，在交际中起关键作用，范·戴克将其命名为 K- 装置（K-device）。在话语进行的每一刻，K- 装置都在不断输入说话人的当前知识，计算有多少这样的知识已被接受者所共享。无论是目的和意图的作用，还是知识的调控等，都需要通过认知来实现，此论点体现了其语境模式的认知观。

三、认知语境的基本属性

认知语境区别于传统语境的基本属性主要体现在动态性、选择性及整体性三个方面。

（1）动态性。动态性是认知语境区别于传统语境的最为突出的根本特征。在现实交际中，认知语境并非不断地扩大，而是在进行过程中不断扩展新信息、将推导出的新的定识不断纳入认知语境中的同时，也将那些从未影响或者不再影响演绎过程的因素逐渐从交际的即时记忆中隐去，将其从认知语境中删除，从而使认知语境得到不断更新。这一过程无疑是动态的。在前一轮会话结束、下一轮会话未开始时，认知语境基本是未确定的，而只有当新信息输入又激活了作为其基础的旧的认知语境时，下一轮的认知语境才得以在新、旧信息的相互作用中建构和扩展。

（2）选择性。许多学者在讨论语境时都倾向于认为，受话人无法选择用于理解某一话语的语境；在言语交际过程中的任何特定时刻，语境往往被视为是一次性明确给定的内容。从认知的角度看，所有潜在的语境信息不会自动应用于解释交际中出现的每一个概念，因为这样的潜在信息数量庞大，如果全部应用于解释话语中的概念，将使人类不堪承受理解话语的重负，从而导致谬误的出现。在交际中，真正对话语产生影响的语境实际上是那些被交际主体选择的结果，只有那些经过交际主体主观认知选择了的语境才能成为其认知语境。这个语境选择取决于演绎设施记忆体的内容、百科知识的内容、一般用途的短时记忆储存的内容，以及可以即时从物理环境得到的信息这几个部分。个人百科知识记忆的组织及所从事的思维活动会限制潜在语境的数量，使得人们可以在任何时刻从中选择具体的语境，认知语境的这一选择特性更加接近人类真实的认知过程。

（3）整体性。传统的语境研究通常把语境进一步细分成为数众多的各类因素，把语境看成一系列因素的组合，并分别讨论它们各自的功能。而认知语境的整体性不仅体现在它将语境视为一个内部紧密联系的有机整体，语境各因素之间不是独立起作用的，而是相互关联的，共同对意义建构和诠释产生影响。它的整体性还表现在，它是客观性和主观性统一的整体。主观性表现在交际者的意图性、主观上的认知能动性；客观性则表现在，有一部分语境是由周围世界中发生的客观事实间的关系和状态所决定的。认知视阈中的语境应该是客观性和主观性统一的整体，客观是认知的材料和基础，主观是认知实现的手段和过程，两者整合才能共同构成认知语境。此外，认知语境的整体性还表现在它的结构化形式上，比如"图式"和"框架"等，这些结构化形式都是认知主体将百科知识、情境经验知识认知化、内在化于头脑中的结果，它们都以知识整体或者信息整体的形式参与到认知加工中去。例如，"医院"这一概念之下的认知语境就包括医生、病人、病房、诊断、病情、医学知识等一系列要素，一提到"医院"，激活的就是这一概念下的整体框架。

第三节　本章小结

认知语境与传统语境既有密切联系，又存在显著区别。从联系的角度来说，认知语境是在继承和批判传统语境理论的基础上发展而来的。传统语境和认知语境的区别则主要体现在三个方面。

第一，传统语境研究主要针对那些可能对交际意义的建构和诠释产生影响的因素进行发现和罗列，尽量做到面面俱到，但是在研究过程中忽视了语言使用中的情况，因此是静态的；认知语境则始终围绕言语交际的动态过程展开讨论，具有动态性。

第二，传统语境是个包罗万象的无限范畴，涵盖了交际中可能涉及的所有主客观因素；而认知语境的范围则是有限的、逐步选择框定的，而且会随着交际的进行不断修正、删除和补充。

第三，尽管传统语境研究也包括"人"这一因素，关注人的社会角色、身份地位、性格及心情等，但是"人"作为交际主体的主导地位并未得到足够的彰显；在认知语境中，"人"不仅是信息的发出者和接收者，意义建构和诠释所依赖的语境的生成也始终围绕"人"这一中心展开，包含了交际者心理认知层面上的各种因素，比如意图、心态和心智能力等。

第四章

评价类型与语篇标记影响汉语反语认知加工的行为研究

语篇特征作为影响反语认知加工的一个重要因素，长期以来未受到足够重视。任何反语表达都包含两种语篇特征：反语要素和反语标记。反语要素是反语区别于其他表达方式的主要属性。具体来说，由于所有反语在本质上都是对某人／某事物的评价（批评／表扬），即评价是反语的核心，所以根据反语所包含的评价类型，可将反语进一步划分为显性反语和隐性反语两种形式。显性反语（explicit irony），又称直接反语（direct irony）或简单反语（simple irony），是指话语包含明显的评价词且其字面义与说话人的真实含义直接相反，受话人在理解过程中对说话人的评价进行否定或反向理解即可。例如：当 A 从厨房中端出两盘烧焦的菜，B 评价道：“你真是个好厨师。”而实际上，B 的真正含义是“A 真是个糟糕的厨师”。隐性反语（implicit irony），也称为间接反语（indirect irony）或复杂反语（complex irony），是指话语不包含明显的评价词且其字面义与说话人的真实含义间接相反，受话人需要在字面义的基础上进行推理。例如：当 A 从厨房中端出两盘烧焦的菜，B 评价道：“国宴没请你去当厨师真是可惜了。”以儿童为被试的研究发现显性反语比隐性反语更容易理解，上述结论同样适用于成年人。

　　反语语篇标记则是一种元交际线索（meta-communicative clue），包括面对面交流语境（face-to-face communication context）中的语调、笑声和面部表情等，以及文本交流语境（text-based communication context）中的插入语、引号、感叹号、表情符号等。但是由于汉语从句子结构和语篇标记的使用等方面都与英语有着较大差异，所以这些已有的研究结论是否适用于汉语反语还需要进一步考察。国内外反语研究虽已取得许多重要成果，但仍然存在不足之处。从现有的文献资料来看，大多数学者选择以本义表达为基线来考察反语表达，将二者进行对比分析。虽然事实证明通过这种研究方法能够得到许多非常有价值的发现，但是不可否认，这种研究方法忽略了反语的内部差异性而将所有反语等同视之。所以不少学者认为，应该按照不同标准对反语进行更为细致的分类，从而推动反语研究的深入发展。因此，本研究从评价类型和语篇标记两个角度考察语篇特征对书面反语的认知难度及读者接受程度的影响。具体地说，考察显性反语和隐性反语的认知难度及读者接受程度是否存在显著差别；考察语篇标记是否能够促进书面反语的理解，是否影响读者对反语表达乃至所在篇章的接受程度。

第一节　评价类型对汉语反语认知加工的影响

一、实验设计

实验采用 2（表达方式：本义表达、反语表达）× 2（评价类型：显性评价、隐性评价）的二因素实验设计，其中表达方式和评价类型均为被试间变量。

（1）被试。杭州某高校非语言专业本科生 100 人，男女各 50 人。全部被试均以汉语为母语，无阅读障碍，平均年龄为 20.57±1.04 岁。被试通过广告招募的方式随机抽样。

（2）实验材料。收集发表于《读者》《青年文摘》《南方周末》等国内中文报刊上的短篇文章共计 30 篇，所讨论的话题内容广泛，涉及社会、文化、经济等多个方面。全部材料均被适当改写，使每篇材料的字数相近（400 字左右），不包含生僻字词和语法错误，且表达方式（本义表达 vs 反语表达）与评价类型（显性评价 vs 隐性评价）均仅仅体现在每篇材料的最后一句话上（即除了篇末的目标句，材料中的其他句子均未使用反语表达）。三位专家（均为中文系硕士研究生）分别对 30 篇短文从典型性、合理性及可理解性三个方面进行定性评价，最终从中选出 24 篇作为正式实验材料，其中符合每种实验条件（共 4 种）的材料各 6 篇。

为了避免阅读时间过长可能造成被试疲劳，进而影响实验结果，24 篇正式实验材料被分为 2 个系列，每个系列中包含符合同一种实验条件（共 4 种）的材料各 3 篇。除此之外，每个系列中还分别加入 3 篇字数相近、与本研究无关且未使用任何反语表达的文章作为填充材料。总共 15 篇阅读材料，以伪随机顺序排列。每个系列分别由随机安排的 50 名被试完成，完成一个系列约需 30 分钟。

（3）实验工具。本研究采用问卷调查法，设置五个问题，重复出现在每篇实验材料（包括填充材料）之后，以此考察和记录表达方式和评价类型是否会影响被试对实验材料认知难度的主观评价，以及被试对目标句及整个篇章的接受程度。首先，问卷通过开放性问题"请你用自己的话阐述 ×××（短文作者）对 ×××（短文主题）持何观点？"，要求被试在读完每篇实验材料后写下对篇末目标句（下划线突出）的理解，以此考察被试是否正确理解（回答正确记 1 分，回答错误或不明确记 0 分）。其次，为了考察表达方式和评价类型是否会影响被试对篇末目标句及整个篇章认知难度的主观感知，问卷要求被试在读完每篇实验材料后分别对"你认为篇末划线句子的意思是否清楚明白、易于理解"和"你认为整篇文章的意思是否清楚明白、易于理解"两个问题进行里克特七分量表评定（1 分为非常简单，7 分为非常复杂）。再次，为了考察被试对目标句及整个篇章的接受程度，问卷要求被试在读完每篇实验材料后分别对"我认为文章的最后一句话这么写很好"和"我喜欢 ×××（作者）写的这篇文章"这两个问题进行七分评定（1 分为非常讨厌，7 分为非常喜欢）。最后，问卷要求被试提供真实的基本信息（性别、年龄、专业、母语及是否具有阅读困难）。

二、实验结果及分析

不同实验条件下，问卷中五个问题的平均值见表 4–1。

表 4–1　不同实验条件下的平均值及标准差

问题	反语表达		本义表达	
	显性评价	隐性评价	显性评价	隐性评价
阅读实验材料的客观正确率	0.86（0.35）	0.83（0.38）	0.96（0.19）	0.96（0.19）
对目标句认知难度的主观评价	3.08（1.42）	3.21（1.55）	2.83（1.42）	2.69（1.32）
对篇章认知难度的主观评价	2.95（1.40）	3.07（1.51）	2.86（1.37）	2.76（1.27）
对目标句的接受程度	4.54（1.36）	4.42（1.41）	4.21（1.25）	4.35（1.22）
对篇章的接受程度	4.73（1.38）	4.56（1.52）	4.56（1.44）	4.54（1.43）

分别对问卷中五个问题的得分进行2（表达方式：本义表达、反语表达）×2（评价类型：显性评价、隐性评价）的二因素重复测量方差分析。

（1）评价类型对反语认知难度的影响。表达方式不仅显著影响被试阅读实验材料的客观正确率，而且显著影响被试对目标句及其所在篇章认知难度的主观评价：被试理解本义阅读材料的正确率显著高于包含反语表达的阅读材料，$F(1, 99)=114.75$，$p<0.001$；被试主观认为使用本义表达的目标句比使用反语表达的目标句更易于理解，$F(1, 99)=42.84$，$p<0.001$；被试主观认为不包含反语表达的篇章比包含反语表达的篇章更易于理解，$F(1, 99)=18.31$，$p<0.001$。评价类型对被试阅读材料的客观正确率、被试对目标句及篇章认知难度的主观评价均无显著主效应。表达方式和评价类型的交互作用不仅显著影响被试对目标句认知难度的主观评价，$F(1, 99)=10.69$，$p<0.01$；而且显著影响被试对篇章认知难度的主观评价，$F(1, 99)=6.77$，$p<0.05$。进一步的简单效应分析表明，在反语表达的条件下，被试主观认为显性反语的认知难度低于隐性评价 $[p_{（目标句）}<0.05，p_{（篇章）}=0.052]$；但是在本义表达的条件下，情况恰好相反，被试主观认为显性本义评价的认知难度高于隐性本义评价 $[p_{（目标句）}<0.05，p_{（篇章）}=0.098]$。因此，隐性反语的主观认知难度高于显性反语，但是被试理解两种阅读材料的客观正确率没有显著差别。

（2）评价类型对读者接受程度的影响。表达方式不仅显著影响被试对目标句的接受程度 $[F(1, 99)=13.02，p<0.01]$，而且显著影响被试对篇章的接受程度 $[F(1, 99)=3.89，p=0.05]$，在使用反语表达的条件下，被试对目标句及其所在篇章的接受程度更高。评价类型对二者的影响均不显著。表达方式与评价类型的交互作用显著影响被试对目标句的接受程度 $[F(1, 99)=9.76，p<0.01]$，但是不影响被试对篇章的接受程度 $[F(1, 99)=2.68，p=0.10]$。进一步的简单效应分析表明，被试对显性反语的接受程度显著高于隐性反语 $(p_{（目标句）}=0.055)$，但是相反地，被试对显性本义评价的接受程度显著低于隐性本义评价 $(p_{（目标句）}<0.05)$。被试对显性反语评价的接受程度高于隐性反语评价，但是对反语表达所在篇章的接受程度没有显著差别。

研究结果表明，评价类型和语篇标记均会对反语理解产生显著影响。虽然评价类型不会显著影响读者理解两种阅读材料的客观正确率，但是隐性反语的主观认知难度高于显性反语；语篇标记的数量越多，越能够提高读者理解阅读材料的客观正确率并降低反语目标句及其所在篇章的认知难度。实验数据表明，反语本身确实具有很大的内部差异性，因此，在实际交际过程及科学研究中绝不能将所有反语等同视之。除了从语义（字面义与反语义）的角度进行分析，还应考虑言语的具体表达方式对认知加工的影响。

第二节　语篇标记对汉语反语认知加工的影响

一、实验设计

实验采用 2（表达方式：本义表达、反语表达）×2（语篇标记：无标记、2 个标记）的二因素实验设计，其中表达方式和语篇标记均为被试间变量。

（1）被试。杭州某高校非语言专业本科生 91 人，其中男生 46 人，女生 45 人。全部被试均以汉语为母语，无阅读障碍，平均年龄为 20.8 ± 2.13 岁。被试通过广告招募的方式随机抽样。

（2）实验材料。从已有正式实验材料中选取篇末目标句为显性反语评价和显性本义评价的 12 篇文章再次进行改编。在原有文章中加入不同数量的语篇标记（无标记、2 个标记）以考察语篇标记对反语理解是否存在影响。实验材料中涉及的语篇标记包括插入语、引号和感叹号。例如：当 A 从厨房中端出两盘烧焦的菜，B 评价道："你可真是个'好'厨师！"。另加入 3 篇字数相近且与本研究无关（未使用任何反语表达）的 3 篇文章作为填充材料。总共 15 篇阅读材料，以伪随机顺序排列。每名被试完成一个实验约需 30 分钟。

（3）实验工具。采用与上述实验相同的问卷。

二、实验结果及分析

不同实验条件下，问卷中五个问题的平均值见表 4-2。

表4-2　不同实验条件下的平均值及标准差

问题	反语表达		本义表达	
	无标记	2个标记	无标记	2个标记
阅读实验材料的客观正确率	0.82（0.39）	0.91（0.29）	1.00	0.99（0.10）
对目标句认知难度的主观评价	3.54（1.66）	2.92（1.37）	2.51（1.29）	2.51（1.33）
对篇章认知难度的主观评价	3.30（1.55）	2.86（1.36）	2.72（1.34）	2.65（1.36）
对目标句的喜爱程度	4.08（1.48）	4.69（1.30）	4.16（1.27）	4.37（1.24）
对篇章的喜爱程度	4.65（1.42）	4.71（1.50）	4.62（1.45）	4.70（1.39）

分别对问卷中五个问题的得分进行2（表达方式：本义表达、反语表达）×2（语篇标记：无标记、2个标记）的二因素重复测量方差分析。

（1）语篇标记对反语认知难度的影响。反语表达不仅会相对降低被试阅读实验材料的客观正确率，$F(1,89)=116.53, p<0.001$；而且会增加目标句［$F(1,90)=110.14, p<0.001$］及其所在篇章［$F(1,90)=51.78, p<0.001$］的主观认知难度。

语篇标记显著影响被试阅读实验材料的客观正确率［$F(1,88)=3.85, p<0.05$］、对目标句［$F(2,89)=9.47, p<0.001$］及其所在篇章［$F(2,89)=5.42, p<0.01$］认知难度的主观评价。进一步分析表明，无论对于反语目标句本身还是其所在的篇章，被试主观认为含有2个语篇标记的阅读材料的认知难度低于无语篇标记［$p_{（目标句）}<0.01, p_{（篇章）}<0.01$］的阅读材料。

表达方式和语篇标记的交互作用显著影响被试阅读实验材料的客观正确率［$F(2,88)=9.03, p<0.001$］、对目标句［$F(2,89)=10.27, p<0.001$］及篇章［$F(2,89)=3.84, p<0.05$］认知难度的主观评价。简单效应分析表明，被试阅读含有2个语篇标记的反语目标句的客观正确率显著高于无语篇标记的反语目标句（$p<0.001$），被试主观认为含有2个语篇标记的反语目标句比无语篇标记的反语目标句易于理解［$p_{（目标句）}<0.001, p_{（篇章）}<0.001$］。

因此，语篇标记能够提高被试理解阅读材料的客观正确率，并且降低反语目标句及其所在篇章的认知难度。

（2）语篇标记对读者接受程度的影响。语篇标记显著影响被试对目标句的接受程度［$F(2,89)=19.55, p<0.001$］，但是不会显著影响被试对篇章的接

受程度。

表达方式和语篇标记的交互作用显著影响被试对目标句的接受程度
[$F_{(2,89)}=7.64$ ， $p<0.01$]，但不影响被试对篇章的接受程度。简单效应分析
表明，与无语篇标记（ $p<0.001$ ）的反语目标句相比，被试更倾向于回答含有
2 个语篇标记的反语目标句；与无语篇标记的本义目标句相比，被试更喜欢
含有 2 个语篇标记的本义目标句。

因此，反语表达包含的语篇标记能够提高被试对反语表达及其所在篇章
的接受程度。

过去的反语研究主要以说话人为研究视角，从性别、年龄、职业及教育
背景等方面考察反语的使用规律。虽然取得了许多有价值的研究成果，但是
言语交流作为一种双向互动的交际行为，不应忽略那些可能影响受话人对反
语理解和接受的因素。实验二从受话人的主观感知和接受程度的角度出发，
发现评价类型和语篇标记均会显著影响读者对反语认知难度的主观评价及对
反语表达的接受程度：读者对显性反语评价的接受程度高于隐性反语评价；
反语表达包含的语篇标记越多，读者对反语表达及其所在篇章的接受程度越
高。实验发现，读者理解实验材料的客观正确率与读者对目标句 / 篇章认知
难度的主观评价共同影响读者对目标句 / 篇章的接受程度。相较于认知难度
较低的本义表达，读者更喜欢认知难度较低的反语表达及其所在的篇章，进
而说明具有适当复杂性的表达 / 篇章能够更加有效地实现交际目的，原因在
于太过简单的表达 / 篇章不容易给读者或受话人留下深刻的印象；但是如果
表达 / 篇章过于复杂，难以正常理解，则会使读者产生挫败感并丧失继续阅
读的兴趣。因此，读者对认知难度适中的反语表达的接受程度最高。

第三节 本章小结

已有的研究成果中，不少学者从交际双方的角度出发，考察说话人使
用反语的原因及受话人对反语表达的态度。研究发现，虽然反语是一种存在
一定风险的交际策略，并非所有受话人都能明白说话人的真实意图，但是为
了实现本义语言无法达到的交际目的，包括增加人际交往的趣味性、出于礼

貌缓和语气、强调自己反对和讽刺的态度，以及引起与受话人之间的情感共鸣等，说话人仍然会使用反语表达。对于受话人来说，相较于一般的本义语言，人们在日常交际中，尤其是在对某人／某事物进行评价时，更喜欢表达效果丰富、有趣的非字面语言表达（如隐喻、谚语及反语等），前提条件是其认知难度应在"恰当"的范围之内，即受话人不需要付出太多的认知努力就能够正确理解说话人的真正含义。

吉布斯（Gibbs）与科尔斯顿（Colston）认为，至少存在四大类因素可能影响非字面语言理解的动态复杂性（dynamic complexities），分别为受话人、语言材料、理解目标或任务、实验手段。其中受话人因素包括年龄、语言经历、性别、职业、文化、政治信仰、认知差异、个性及社会背景等；语言材料则包括语种、规约性、使用频率、熟悉度、凸显度、语篇衔接、语法结构、韵律语调、语境及语体等。反语的复杂性在于它的含义不仅仅与字面表达相反，而且包含了说话人的态度和目的等丰富的语用内涵，受话人需要对多种信息（语言和非语言）进行整合，才能够多话语做出正确的、全面的理解。

虽然反语具有丰富的表达效果，包括增加人际交往的趣味性、缓和语气及唤起对话双方的情感共鸣等，但是从根本上说，反语仍是一种存在一定风险的交际策略，并非所有受话人都能正确理解说话人的真实意图。因此，为了降低交际失败的风险，说话人必须对其使用的反语进行评估，预测受话人是否能够正确理解及受话人对反语的接受程度。本研究从评价类型和语篇标记两个角度考察语篇特征对反语认知难度及读者接受程度的影响。具体地说，实验主要考察评价类型和语篇标记是否会影响读者理解阅读材料的客观正确率，读者对实验材料认知难度的主观评价，以及读者对目标句及其所在篇章的接受程度。研究结果表明，隐性反语的主观认知难度高于显性反语，读者对显性反语评价的接受程度高于隐性反语评价；语篇标记的使用能够提高读者理解阅读材料的客观正确率，并且降低反语目标句及其所在篇章的认知难度；相较于认知难度较低的本义表达，读者更倾向于认知难度相对高一点的低难度反语表达及其所在的篇章，对其主观接受程度更高，说明具有适当复杂性的话语表达及篇章在一定程度上能够获得更好的交际效果。

第五章

语言语境制约汉语反语认知加工的眼动研究

在现实的言语交际过程中，语言运用的具体形式灵活多样，各种因素（语言和非语言因素）都可能对反语认知加工产生影响。从功能上来讲，语境是语用中的条件和背景，对语言理解具有重要的影响。其中语言语境（上下文关联）对反语义的获得起关键作用。本实验采用眼动追踪方法，结合肯定/否定量化词对代词回指推理的"聚焦效应"这一语言现象，在语篇阅读过程中考察语言语境对反语认知加工的作用。

第一节　研究背景

视觉系统是人类获取自然场景和社会场景信息的重要通道。眼球运动有三种基本类型：注视（fixation）、眼跳（saccade）和追随运动（pursuit movement）。不同类型的眼球运动受到自上而下和自下而上信息的驱动。用于测量眼动的装置称为眼动仪，研究者可以借助于眼动仪来记录认知过程中人们的眼动特征，从而推测和判断心理加工过程。较之于传统的行为测量方法，眼动记录方法具有三方面优点：①生态效度高；②时间精度和空间分辨率高，采样率可以达到2000Hz，空间精度<0.01°，凝视位置误差<0.2°；③数据丰富，可以提供时间、空间和生理维度的数据。

一般来说，测量眼动的技术分为两类：一类测量眼睛相对于头部的位置，另一类测量视线的方向，又称为"注视点"计算。后一种技术一般用于识别视场中的物体，如图形学中的交互技术。眼动测量方法可分为四大类：眼电图法（electro-oculography，EOG）、巩膜接触镜/探索线圈法、眼图照片（photo-oculography，POG）或者眼图录像法（video-oculography，VOG）、基于视频处理的瞳孔/角膜反射向量法。

（1）眼电图法。这种方法是20世纪70年代中期应用最广泛的眼动测量法（至今仍在使用），通过记录眼窝四周皮肤上的电位差获得眼动信息，实现眼动测量。记录电压的范围为 15～200uV，记录眼动的灵敏度为 20uV/°。这种方法记录的是眼睛相对于头部的运动，所以不适用于注视点检测，除非同时检测头部位置（如使用头部追踪器）。

（2）巩膜接触镜／探索线圈法。最精确的眼动测量方法之一是将机械或光学部件置于一个接触镜上，并将接触镜轻置于眼球上。此类装置早期使用一对直接附着在角膜上的熟石膏环，通过机械装置连接到记录笔上。这种技术发展到现在演变为使用带有柄的接触镜。接触镜要大，能够覆盖角膜和巩膜（如果透镜仅覆盖角膜则易发生滑动）。各种各样的机械或光学装置被置于连接接触镜的柄上：反光磷涂层、线路，还有光磁结构中最普遍的装备线圈。这些装置中最常用的是线圈，线圈利用电磁场测量眼动。尽管巩膜探索线圈是最精确的眼动测量方法，在 5° 范围内可达到 5″～10″ 的精度，但这也是最不人性化的方法。插入镜片需要细心和苦练，镜片佩戴起来很不舒服。这种方法测量的也是眼和头的相对位置，也不适用于注视点测量。

（3）眼图照片或眼图录像法。这类技术集合了各种各样涉及眼睛转动／移动的辨认特征的眼动记录方法，如瞳孔的外形、异色边缘（虹膜－巩膜边界）、近距指向光源的角膜反射（通常是红外光）。虽然实现技术不同，但是由于不能提供注视点的测量，所以将它们归为一类。这些测量技术提供的眼球特征的测量不一定是自动的，并且可能涉及眼动记录的目视检测（通常记录在录像带上）。人工目视检查（如一帧一帧地看录像）非常乏味，容易出错，并且受到当前视频设备的采样率的限制。自动角膜缘追踪往往涉及使用安装在眼镜框上的光电二极管，并且常常要使用不可见光（通常是红外线）照明。这种方法通常会要求固定被试头部。

（4）基于视频的瞳孔／角膜反射法。尽管上述技术都可以用来测量眼动，但它们都不能检测注视点。要测量注视点，要么头部必须固定，以使眼睛同头和注视点的相对位置一致；要么检测多个眼部特征以消除头部运动的影响。此外，依靠与眼球物理接触实现眼动测量的装置通常能够获得非常灵敏的测量数据。但是，这类装置最大的缺点是对人的侵入性（或称接触性）。非接触式（有时也称为远程）眼动仪通常依赖于测量眼睛的组织特征，如瞳孔、虹膜－巩膜边界或角膜对近距指示光源的反射。这些技术往往涉及离线或实时的手动或自动（基于计算机）分析眼动视频。高效的快速图像处理硬件推动了基于实时视频的注视点观测系统的发展。基于视频的追踪器，利用相对便宜的摄像机和图像处理硬件来实时计算注视点，这种设备有桌面式和头戴式两种。除了尺寸上的差别，桌面式和头戴式光学的系统实质上是一样的。这些设备最适合在交互系统中使用。光源（通常为红外线）的角膜反射用来衡量瞳孔中心的相对位置。角膜反射一般被称为浦肯野反射或浦肯野像（Purkinje image）。由于眼睛的特殊构造，会形成四个浦肯野像。基于视频的眼动仪一般定位第一浦肯野像。通过适当的标定步骤，这种眼动仪能够测量在一个处于适当位置（垂直平面）显示标定点的表面上受测者的注视点。不管瞳孔在眼眶中如何转动，浦肯野像同眼球相对固定。通过测量第一和第四浦肯野反射，这种双浦肯野（dual-Purkinje image，DPI）眼动仪能够区分眼睛的平移和转动。两种反射在眼睛平移时保持相同的距离一起运动，而在眼睛转动时，它们的距离会发生变化（改变了它们的间隔）。尽管DPI眼动仪具有相当高的精确度，但仍需要固定头部。目前应用最广泛的用于注视点计算的眼动跟踪技术是基于角膜反射的原理实现的。

第二节　与语言研究相关的眼动指标

当前主流眼动仪可提供的眼动参数可大致分为四类。

（1）眼动时间和次数。时间包括注视时间、眼跳时间、眼跳潜伏期、回视时间及追随运动时间等；次数包括注视次数、眼跳次数、回视次数等。

（2）眼动的方向和距离。这类信息与视景迭加可以揭示注意的对象及其转移过程，而且可以结合时间因素计算眼动的速度。

（3）瞳孔大小与眨眼。瞳孔大小与眨眼也是反映视觉信息注意状态的重要指标，且与视景迭加后可以解释不同条件下的注意广度，还可以揭示不同刺激条件对注意状态的激发。

（4）眼动轨迹图。将眼动信息叠加在视景图像上，形成注视点及其眼跳的路线图，能最具体、直观和全面地反映眼动的时空特征。基于上述参数，研究者可以收集和分析以下与阅读相关的眼动指标。

一、针对字词的眼动指标

（1）注视点（fixation）。指阅读者注视停留的地方，是反映阅读者对信息进行提取和加工的重要指标。

（2）首次注视时间（first fixation duration）。指阅读者第一次注视该字的时间。首次注视时间反映对字的早期识别过程及对该字加工难度的敏感程度，是阅读研究中比较常用的一个指标。

（3）单一注视时间（single fixation duration）。是指阅读者在首次注视中有出现，且只有一次注视的注视时间。单一注视时间是字词识别中语义激活阶段的重要指标。

（4）凝视时间（gaze duration）。是阅读者注视点从当前注视的这个字落到另一个字上之前，对这个字的总注视时间。凝视时间包括再注视时间，是反映较深层认知加工的指标。

（5）总注视时间（total fixation duration）。是阅读者对某个字所有注视时间的总和。由于考虑了再读时间（re-reading），总注视时间是一个可以反映阅读后期注视时间的指标。如果在某个字上发现了总注视时间上的效应，而其早期的指标（如首次注视时间和凝视时间）没有差异，那么可以认为对该字的相对后期的加工存在差异。

（6）眼跳（saccade）。是眼睛从一个注视点到另一个注视点的运动。眼跳距离（saccade distance）是从某个注视点到下一个注视点的距离，是反映阅读效率和加工难易度的重要指标。眼跳距离大，说明阅读者注视一次所获得的信息相对较多，阅读效率较高；眼跳距离小，说明阅读者注视一次所获得的信息较少，也反映阅读者对阅读材料的理解存在一定困难。

二、针对语篇的眼动指标

研究者除了可以以字、词为单位对阅读材料进行分析之外，还可以将某一句子、段落甚至语篇分为几个兴趣区（area of interest，AOI）进行分析。

（1）注视次数（fixation count）。是指阅读某一区域时注视点个数的总和。兴趣区内第一遍注视次数（number of first pass fixations）是阅读者的注视点从第一次落在兴趣区开始到注视点离开该区域之间的所有注视次数的总和。这一指标表明阅读者对句子形成心理表征的快慢程度。

（2）平均注视时间（mean fixation durations）。反映在某一区域内，阅读者在所有注视点上注视停留时间的平均值（平均注视时间 = 总注视时间 / 注视点的个数）。

（3）第一遍阅读时间（first pass reading time）。是指阅读者在注视点落到另外一个区域之前，对当前所注视区域的所有注视点的注视时间的总和。它反映了阅读者对信息进行早期加工的时间。

（4）第二遍阅读时间（second pass reading time）。是指阅读者在某一个区域进行第一遍阅读之后，注视点再回到该区域与注视点再次离开该区域之间所有注视时间的总和。它反映了阅读者对信息进行后期加工的时间。

（5）回视（regression）。也称"向后眼跳"，指当阅读者的注视点已经跳过某一部分后，由于出现对所读内容的理解产生困难或出现错误，或阅读时遗漏了重要内容，或句子中有"前后照应"（anaphoric reference）的语法现象，或句子本身存在歧义等情况，阅读者的注视点又返回前面区域进行再阅读的情况。回视有利于对文章进行更深层的加工。

（6）回视路径时间（regression-path duration）。是指从阅读者对某区域的首次注视开始到首次从这一区域向右运动之前所有注视时间的总和。它包含了从首次注视到向右注视之前的所有注视活动，是反映后期加工的重要指标，尤其在分析句子的精细加工过程的研究中，这一指标非常关键。阅读者在读到某一区域时，如遇到理解上的困难，出现选择性回视，这一区域的回视路径时间比它的首次注视和总注视时间更能反映发生在这一区域的效应。

（7）首次回视（first pass regression）。是指阅读者对关键词区域完成第一遍注视后，从该区域向左的回视。研究者通常对阅读者做出的首次回视的概率进行分析，因为它可以反映阅读者在读关键词区域时遇到的加工困难。

三、针对阅读过程中的瞳孔直径

瞳孔直径（pupil diameter）是反映人类心理活动情况的重要指标。已有研究发现，在完成某些认知任务时，信息加工负荷（information-processing load）的大小与任务难度都可能引起瞳孔直径的变化。这些认知活动包括短时记忆活动、语言加工、思维、知觉辨认等等。此外，动机、兴趣及态度等因素也可引起瞳孔直径的变化。公认的事实是，愉快的视觉刺激可以引起瞳孔直径扩大。但是，令人不悦的刺激是否一定会引起瞳孔直径缩小，目前尚有争论。

第三节　实验设计

一、实验目标

如前所述，长期以来，学者们致力于寻找能够充分解释非字面语言加工的认知模型，从产出的心理动机、理解的加工过程及意义的在线建构等不同角度，提出了多种理论和假说。针对反语理解的加工过程，讨论较多的主要有以下三种模型：

（1）标准语用模型。主要包括会话含义理论及言语行为理论。此模型认为，反语认知是一个序列加工的过程，无论在何种语境下，字面义总是首先被激活，如果字面义与语境一致，则视为说话人想要表达的意义，加工结束；如果字面义与语境不一致，则继续加工，直至字面义被抑制并由反语义取代。（图 5-1）

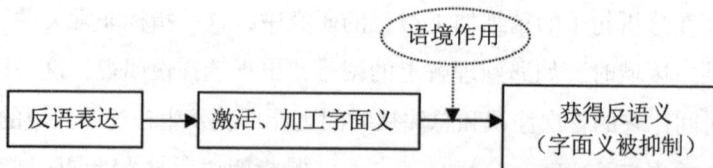

图 5-1　标准语用模型

（2）直接通达模型。直接通达假说的基本思想是，语境信息在词汇激活的初期就发生作用，与语境一致的意义（反语义）直接被提取，与语境不一致的意义（字面义）则不会被激活。回应提醒理论和暗示假装理论均支持直接通达假说。回应提醒理论认为，反语提醒受话人注意到事实与期望不一致，从而表达说话人对事实的态度。反语认知过程是受话人直接借助于外显提醒线索（先前的话语或事件）或内隐提醒线索（共同的想法或社会准则）

而实现的，无需加工字面义。暗示假装理论则认为，识别语用虚伪性（说话人并不期望受话人相信其话语）是反语认知的必要前提，受话人在识别语用虚伪的同时直接获得反语义。（图5-2）

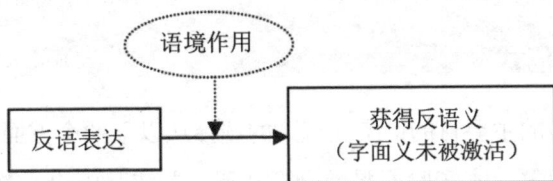

图5-2　直接通达模型

（3）等级凸显模型。等级凸显假说认为，语义是从"极显性"到"非显性"的连续统，在话语加工中，显性意义总是首先通达。语义的显性程度主要取决于熟悉度、规约性及典型性。低熟悉度反语只有一种显性意义（字面义），受话人需要通过一个后续加工过程才能获得说话人想要表达的非显性的反语义；高熟悉度反语则有两种显性意义（字面义和反语义），无论是在字面义偏向语境还是反语义偏向语境中，两种意义都会同时被激活。反语表达的字面义充当评估反语情景的参照点，有利于受话人理解说话人要表达的意义，因此，尽管与语境不一致也会被保留下来参与后期的语义整合。（图5-3）

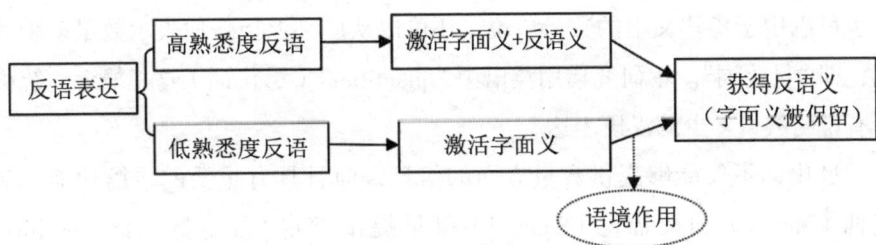

图5-3　等级凸显模型

为验证这些假设进而解决理论分歧，研究者多年来开展了大量实证研究，但到目前为止尚未获得一致结论。不同的实验结果可能与研究者采用不同的实验范式有关。本实验试图借助眼动追踪手段，通过考察语篇阅读中反语认知的加工机制，对标准语用、直接通达及等级凸显三种反语认知模型的假设进行验证，以期解决三者之间的分歧。

具体地说，本实验的目的在于回答以下两个问题：①反语字面义在加工早期是否必然被激活，以及字面义是否参与后期语义整合；②上下文语境在反语认知加工中何时及如何起作用。

二、实验范式

基于本实验的主要目的，实验范式的选择从以下两个方面进行考量。

（1）语篇理解。本实验着眼于语篇理解，关注其中语义整合这一认知过程。语篇是指长度不限、可以组合在一起表达完整意义的自然语言，既包括书面语也包括口语。任何语篇都是语言使用者在一定语境下产生的，语言使用者既包括说话人和作者，也包括听话人和读者。对说话人和作者来说，他们考虑的是如何生成语篇，以较好地表达自己的想法。而对听话人和读者来说，他们要做的是正确地理解和解读信息，完成交际过程。前者为语篇产生，后者为语篇理解。为了与句子层面的研究进行区分，本实验所采用的语篇是指由两个或两个以上的句子构成的连贯语段。

（2）肯定/否定量化词的"聚焦效应"。在人类的自然语言中，用来说明数量多少的表达随处可见。汉语语法对数词和量词有严格的区分，依据《现代汉语词典》（第五版）给出的解释，数词是"表示数目多少的词"；量词是"用以表示人、事物或动作的单位的词"。然而在英语中，"quantifier"一词除了可以用于指狭义上的数量单位，还可以从广义上指任何表示数量多少的词，即"量化词"。本研究借用英语中"quantifier"（量化词）这一概念，统称所有说明数量多少的汉语表达。

量化词不仅能够提供数量方面的信息，而且具有重要的语篇功能。莫克西（Moxey）和桑福德（Sanford）最早提出肯定/否定量化词（positive/negative quantifiers）对其后代词回指推理的"聚焦效应"（focusing effect），并且借助不同实验手段开展了一系列相关研究。他们通过研究发现，肯定/否定量化词会导致受话人在理解其后出现的代词回指时，产生不同的心理倾向。例如：

①到现场观看这场比赛的球迷很多。

②他们冒着大雨为自己支持的球队加油助威。

③到现场观看这场比赛的球迷不多。

④他们选择坐在家里舒舒服服地看电视转播。

例①和例③分别用肯定量化词（"很多"）和否定量化词（"不多"）补充说明先行词"到现场观看这场比赛的球迷"。例②中的代词"他们"指到现场观看比赛的人，与先行词含义相同。然而例④中的"他们"则指代未到现场观看比赛的人，与先行词含义相反。莫克西和桑福德在其实验中首先向被试呈现如例①或例③这样使用肯定/否定量化词补充说明相同先行词的陈述句，然后要求被试选择一个以代词"他们"开头的句子与上文衔接。结果发现，当呈现使用肯定量化词的句子时，被试更多地选择代词回指与先行词含义相同的句子（如例②）；反之，当呈现使用否定量化词的句子时，被试则认为代词回指与先行词含义相反的句子（如例④）与上文衔接更为合理。他们借用数学中的"集合"概念，对这一现象加以表述。由于例②中的代词回指"他们"与先行词的含义相同，故称之为先行词的子集（reference set）；例④中的"他们"与先行词的含义相反，故称之为先行词的补集（complement set）。换言之，在先行词相同的情况下，若使用肯定量化词补充说明，受话人在理解其后出现的代词回指时会更加关注先行词的子集概念；相反地，若使用否定量化词，受话人则更倾向于将其后的代词回指"他们"理解为先行词的补集概念。

尽管学者已采用多种范式，从不同视角考察字面表达条件下肯定/否定量化词对代词回指推理的"聚焦效应"，但是此现象仍值得我们深入探究：汉语中是否同样存在这一"聚焦效应"？如果说话人在例①和例③中的评价为反语表达，肯定/否定量化词的"聚焦效应"是否仍然存在？换言之，反语表达的肯定/否定量化词是否会影响受话人对其后篇章中出现的代词回指的理解？回答上述问题，可以帮助我们了解肯定/否定量化词的字面义和反语义在反语加工不同阶段中的激活情况及作用，以及反语表达方式对整个篇章认知加工过程的影响，从而加深我们对汉语反语认知机制的认识。本研究借鉴国外学者的实验范式，结合汉语自身特点，运用眼动技术，以字面和反语表达条件下肯定/否定量化词对其后代词回指推理的"聚焦效应"为切入点，在汉语篇章阅读中考察反语认知的心理机制，以期为构建汉语反语加工的心理模型提供实证依据。

三、实验设计

本实验采用2（表达方式：字面表达、反语表达）×2（量化词：肯定量化词、否定量化词）×2（代词回指：代词回指先行词子集、代词回指先行词补集）的三因素实验设计，表达方式、量化词和代词回指均为被试内变量。

（1）实验材料及评定。根据实验目的和实验范式的要求，假设12个不同的场景（scenario），在每个场景下编制8段对话，每段对话对应一种实验条件（见表5–1）。每段对话均由4部分组成：第一部分介绍对话的场景及人物，含1～2个陈述句，以1～2行呈现。此部分为被试判断下文中说话人是否使用反语提供重要依据。第二部分为一个含17个汉字的陈述句，以一行单独呈现。此部分中，说话人使用字面或反语表达的量化词（肯定量化词"很多"或否定量化词"不多"）对事实进行评价。第三部分为一个以代词"他们"开头的陈述句，含17个汉字，以一行单独呈现。此部分是受话人对说话人的回应。第四部分为一个陈述句，与第一部分相呼应并结束对话，以一行呈现。

为了保证实验材料能够被正确理解，60名不参加正式实验的本科生对材料进行评定。评定采用问卷形式，题干由每段对话的第一和第二两个部分构成，要求评定者判断说话人是否使用反语表达。每个场景下设4个问题，共48题，分为4个系列，每个场景在同一系列中只出现一次。每个系列分别由随机安排的15名被试完成。从12个场景中选取正确率最高的8个场景作为正式实验材料，平均正确率为91.5%。通过五点量表对正式实验材料进行熟悉度评定，熟悉度为3.6±0.3，均为高熟悉度反语。

全部正式实验材料（64段对话）被分为8个系列，每个场景在同一系列中只出现一次。每个系列中分别加入10段形式相似且与本研究无关的对话作为填充材料。总共18段对话，以随机顺序排列。每段对话后都附有一道二选一的阅读理解题，以鼓励被试认真阅读实验材料。

表5-1 各条件下的眼动实验材料举例

场景一	字面表达	反语表达
肯定数量词	周末，李强和周锐冒着大雨，到球场看中国国家足球队对阵沙特国家队的比赛。看台上坐满了观众。 "来现场支持国足的球迷很多。"李强笑着说。 "他们也许会后悔冒雨来看比赛/正在家里看电视转播。"周锐回答。 比赛马上就要开始了。	周末，李强和周锐冒着大雨，到球场看中国国家足球队对阵沙特国家队的比赛。看台上的观众寥寥无几。 "来现场支持国足的球迷很多。"李强笑着说。 "他们也许正在家里看电视转播/会后悔冒雨来看比赛。"周锐回答。 比赛马上就要开始了。
否定数量词	周末，李强和周锐冒着大雨，到球场看中国国家足球队对阵沙特国家队的比赛。看台上的观众寥寥无几。 "来现场支持国足的球迷不多。"李强笑着说。 "他们也许正在家里看电视转播/会后悔冒雨来看比赛。"周锐回答。 比赛马上就要开始了。	周末，李强和周锐冒着大雨，到球场看中国国家足球队对阵沙特国家队的比赛。看台上坐满了观众。 "来现场支持国足的球迷不多。"李强笑着说。 "他们也许会后悔冒雨来看比赛/正在家里看电视转播。"周锐回答。 比赛马上就要开始了。

（2）实验内容及程序。实验在隔音且光线较暗的室内进行。采用瑞典Tobii Technology公司生产的T60眼动仪，采样频率为60Hz，采样精度为0.5°。实验操作在仪器配套软件Tobii Studio下进行，具体流程如下：要求被试坐在距显示器85厘米处的座椅上，头部以U形颚托固定，眼睛距离屏幕中心约70厘米。采用9点校准的方式，在校准达到预期水平后进入实验阶段。首先通过显示器呈现指导语，当确认被试正确理解实验要求后，开始正式实验。被试阅读完一段对话后按空格键结束，程序自动呈现一道阅读理解题，被试向主试口头报告答案，按空格键继续阅读下一段对话。每个系列实验材料分别由随机安排的10名被试完成，每名被试需15～20分钟。

（3）实验被试。80名浙江某高校学生参加本实验（男40人，女40人），平均年龄为22.57±1.04岁。所有被试均以汉语为母语，无阅读障碍，矫正视力正常。被试通过广告招募的方式随机抽样，完成实验后获得适当现金报酬。2名被试的数据因眼动记录不合格被剔除，有效数据78人，其中男38人，女40人。

第四节　实验结果

全部实验材料均被划分为 8 个兴趣区，如例⑤所示。其中兴趣区 2、3、4、6 和 7 为主要分析对象，兴趣区 1 和 8 提供语境背景，不对其进行分析讨论。

⑤ <u>周末，李强和周锐冒着大雨，到球场看中国国家足球队对阵沙特国家队的比赛。看台上的观众寥寥无几。</u>
　　　　　　　兴趣区1

"<u>来现场支持国足的球迷</u>｜<u>很多。</u>"｜<u>李强笑着说。</u>
　　兴趣区2　　　　　　兴趣区3　　　　兴趣区4

"<u>他们</u>｜<u>也许正在家里看电视转播。</u>"｜<u>周锐回答。</u>
　兴趣区5　　　　　兴趣区6　　　　　　兴趣区7

<u>比赛马上就要开始了。</u>
　兴趣区8

分别记录被试阅读各个兴趣区的时间及回答阅读理解题的正确率。经统计，所有被试回答问题的正确率均在 75% 以上，说明被试都是严肃认真的。删去存在连续两个或两个以上兴趣区的首次注视时间为 0 毫秒的极端数据，删去的数据占总数据的 2.5%。

本实验中，重点分析的眼动指标包括首次注视时间和总注视时间。首次注视时间是指被试第一次注视目标形成注视点的时间，该指标反映被试对某一兴趣区的早期识别过程及对该兴趣区加工难度的敏感程度。总注视时间是指被试在某一目标上所有注视点的停留时间之和。由于考虑了再读时间，总注视时间是一个可以反映阅读后期注视时间的指标。如果在某个兴趣区内发现总注视时间上的显著效应，而早期指标（如首次注视时间）上的效应不显著，则可以认为被试对该兴趣区的后期加工存在差异。不同条件下的平均首次注视时间和平均总注视时间见表 5–2 和表 5–3。

表 5-2　字面表达条件下首次注视时间和总注视时间的平均值（ms）及标准差

| 兴趣区 | 眼动指标 | 否定量词 | | | | 肯定量词 | | | |
		子集		补集		子集		补集	
兴趣区 1	FFD	221.04	(137.84)	204.61	(118.09)	237.06	(139.60)	226.64	(125.00)
	FL	5961.41	(3225.48)	5521.75	(2940.94)	5552.08	(3788.29)	5911.32	(3449.65)
兴趣区 2	FFD	274.75	(159.29)	280.97	(143.34)	273.64	(146.83)	251.12	(127.99)
	FL	1959.14	(1765.10)	1320.46	(802.49)	1253.23	(1080.30)	1800.36	(1196.38)
兴趣区 3	FFD	223.00	(128.49)	193.50	(103.33)	180.72	(97.44)	216.39	(73.22)
	FL	398.75	(312.36)	300.16	(215.52)	290.32	(339.69)	418.87	(251.01)
兴趣区 4	FFD	238.48	(131.64)	212.62	(122.41)	193.25	(115.47)	197.58	(99.36)
	FL	727.41	(735.26)	566.17	(624.44)	430.45	(457.31)	605.48	(602.98)
兴趣区 6	FFD	233.96	(84.80)	225.20	(88.92)	229.71	(84.27)	242.30	(83.25)
	FL	2409.05	(1412.80)	1432.01	(843.84)	1486.25	(1143.73)	2554.76	(1623.15)
兴趣区 7	FFD	253.56	(122.93)	247.43	(128.38)	199.62	(96.15)	252.53	(112.35)
	FL	658.31	(514.20)	584.84	(458.07)	438.79	(396.27)	779.77	(562.01)

表 5-3　反语表达条件下首次注视时间和总注视时间的平均值（ms）及标准差

| 兴趣区 | 眼动指标 | 否定量词 | | | | 肯定量词 | | | |
		子集		补集		子集		补集	
兴趣区 1	FFD	208.53	(122.95)	207.70	(130.94)	209.53	(124.64)	211.22	(121.10)
	FL	6538.44	(4857.96)	5460.22	(3189.80)	6588.65	(3485.92)	6001.85	(3156.51)
兴趣区 2	FFD	273.60	(155.79)	268.34	(160.28)	284.43	(154.25)	261.00	(158.49)
	FL	1961.57	(1275.08)	1710.74	(1167.48)	1904.09	(1342.54)	2328.58	(2161.48)
兴趣区 3	FFD	215.12	(81.31)	242.62	(92.44)	257.56	(120.65)	236.17	(97.21)
	FL	581.91	(487.23)	430.76	(301.98)	478.66	(390.45)	486.56	(411.83)
兴趣区 4	FFD	216.56	(139.74)	225.71	(96.70)	228.25	(115.43)	211.65	(135.73)
	FL	809.66	(845.63)	628.02	(572.27)	794.44	(781.87)	906.44	(1076.20)
兴趣区 6	FFD	216.77	(73.67)	240.52	(103.39)	226.49	(86.40)	241.09	(89.82)
	FL	2399.90	(2024.41)	1920.57	(1221.91)	2242.29	(1508.89)	2371.52	(2128.07)
兴趣区 7	FFD	234.40	(102.13)	229.78	(135.78)	242.32	(135.95)	243.59	(106.93)
	FL	731.52	(532.84)	666.52	(483.65)	724.87	(629.46)	722.78	(643.55)

对首次注视时间和总注视时间进行 2×2×2 的三因素方差分析，包括被试检验（F1）和项目检验（F2），书中仅对存在显著效应的数据分析结果进行报告和讨论。

一、量化词兴趣区

对于兴趣区 2 的总注视时间，表达方式的主效应显著，$F1$（1，616）=12.180，$p<0.01$，$F2$（1，56）=8.072，$p<0.01$，当实验材料中说话人使用反

语表达时，被试对兴趣区2的总注视时间显著长于说话人使用字面表达时；量化词与代词回指交互作用显著，F_1（1，616）=17.077，$p<0.01$，F_2（1，56）=10.233，$p<0.01$。

简单效应检验发现，在肯定量化词的水平上，代词回指效应显著，F_1（1，308）=5.64，$p<0.05$，F_2（1，28）=6.020，$p<0.05$；在否定量化词的水平上，代词回指效应显著，F_1（1，308）=11.66，$p<0.01$，F_2（1，28）=5.118，$p<0.05$；在代词回指先行词子集的水平上，量化词效应显著 F_1（1，308）=9.13，$p<0.01$，F_2（1，28）=5.026，$p<0.05$；在代词回指先行词补集的水平上，量化词效应显著，F_1（1，308）=7.65，$p<0.01$，F_2（1，28）=7.759，$p<0.01$。当说话人使用的量化词与受话人对代词"他们"的理解符合"聚焦效应"（肯定量化词后的代词回指先行词子集、否定量化词后的代词回指先行词补集）时，被试对兴趣区2的总注视时间显著短于二者不符合"聚焦效应"（肯定量化词后的代词回指先行词补集、否定量化词后的代词回指先行词子集）时。

对于兴趣区3的首次注视时间，表达方式的主效应显著，F_1（1，616）=18.259，$p<0.01$，F_2（1，56）=15.576，$p<0.01$。对于总注视时间，表达方式的主效应同样显著，F_1（1，616）=26.025，$p<0.01$，F_2（1，56）=20.288，$p<0.01$。当实验材料中说话人使用反语表达时，被试对兴趣区3的首次注视时间和总注视时间均显著长于说话人使用字面表达时。

对于兴趣区4的总注视时间，表达方式的主效应显著，F_1（1，616）=11.831，$p<0.01$，F_2（1，56）=7.277，$p<0.01$。说话人使用反语表达时，被试对兴趣区4的总注视时间显著长于说话人使用字面表达时；量化词与代词回指交互作用只有被试检验达到显著水平，F_1（1，616）=7.172，$p<0.01$，F_2（1，56）=3.899，$p>0.05$。

二、代词回指兴趣区

对于兴趣区6的总注视时间，三因素交互作用显著，F_1（1，616）=8.456，$p<0.01$，F_2（1，56）=7.348，$p<0.01$。对使用字面表达和反语表达的两组材料分别进行2（量化词：肯定量化词、否定量化词）×2（代词回指：

回指先行词子集、回指先行词补集）的二因素方差分析。

在字面表达的条件下，量化词与代词回指的二因素交互作用显著，F_1（1，308）=49.073，$p<0.01$，F_2（1，28）=57.328，$p<0.01$。简单效应分析表明，在肯定量化词的水平上，代词回指效应显著，F_1（1，308）=26.780，$p<0.01$，F_2（1，28）=31.341，$p<0.01$；在否定量化词的水平上，代词回指效应显著，F_1（1，308）=22.391，$p<0.01$，F_2（1，28）=26.107，$p<0.01$；在代词回指先行词子集的水平上，量化词效应显著，F_1（1，308）=19.974，$p<0.01$，F_2（1，28）=23.273，$p<0.01$；在代词回指先行词补集的水平上，量化词效应显著，F_1（1，308）=29.568，$p<0.01$，F_2（1，28）=34.616，$p<0.01$。当受话人对代词"他们"的理解与上文中说话人使用的量化词符合"聚焦效应"时，被试对兴趣区 6 的总注视时间显著短于二者不符合"聚焦效应"时。

然而，在反语表达的条件下，量化词与代词回指的主效应及二因素交互作用均不显著。

对于兴趣区 7 的总注视时间，表达方式的主效应显著，F_1（1，616）=5.055，$p<0.05$，F_2（1，56）=5.018，$p<0.05$。当说话人使用反语表达时，被试对兴趣区 7 的总注视时间长于说话人使用字面表达时。

第五节　分析与讨论

本实验以字面与反语表达条件下，肯定 / 否定量化词对代词回指推理的"聚焦效应"为切入点，综合分析被试阅读语篇中多个兴趣区的注视行为，探究汉语反语认知的心理机制。

一、反语表达对肯定 / 否定量化词"聚焦效应"的影响

实验结果表明，汉语中同样存在肯定 / 否定量化词（兴趣区 3）对代词回指推理（兴趣区 6）的"聚焦效应"：在字面表达条件下，当说话人使用肯定量化词补充说明先行词且受话人将其后代词回指"他们"理解为先行词补集概念时，被试对兴趣区 6 的总注视时间显著长于受话人将代词回指"他们"

理解为先行词子集概念时；当说话人使用否定量化词补充说明先行词且受话人将其后代词回指"他们"理解为先行词子集概念时，被试对兴趣区 6 的总注视时间显著长于受话人将代词回指"他们"理解为先行词补集概念时。换言之，当受话人对代词回指"他们"的理解与上文中说话人使用的量化词不符合"聚焦效应"时，实验材料的认知难度加大。

然而，在反语表达条件下，同样是对于兴趣区 6 的总注视时间，量化词与代词回指的主效应及二因素交互作用均不显著：无论受话人对代词回指"他们"的理解与上文中说话人使用的量化词是否符合"聚焦效应"，被试阅读相关兴趣区的总注视时间均不存在显著差异，即肯定／否定量化词的"聚焦效应"被消解。

若根据直接通达模型和标准语用模型的观点，反语字面义因未被激活或被抑制而不参与后期语义整合，那么本实验中，唯一存在于被试心理表征中的反语义（肯定义或否定义）必然会由于"聚焦效应"的作用导致被试在阅读过程中产生将代词回指"他们"理解为先行词子集或者补集概念的心理倾向，在眼动数据上则表现为存在量化词与代词回指的主效应或交互作用。但是事实并非如此，对兴趣区 6 的数据分析发现，当实验材料中说话人使用反语表达的量化词对事实进行评价时，"聚焦效应"被消解（量化词与代词回指的主效应及交互作用均不显著），说明由于量化词的字面义与反语义都被激活且保留在被试的心理表征中，两种语义（肯定义和否定义）的同时存在导致无论在肯定量化词还是否定量化词之后，代词回指先行词子集与代词回指先行词补集的可接受程度相同。由此证明：反语认知加工过程中，与语境不相符的字面义不仅会被激活，而且会被保留下来继续参与后期加工。

二、语言语境对反语理解的催化作用

在本实验中，兴趣区 1 描述对话发生的现实场景，兴趣区 3 是说话人使用肯定／否定量化词对事实做出的评价，二者一致时为字面义偏向语境，二者不一致时则为反语义偏向语境。通过比较两种语境条件下量化词（兴趣区 3）在阅读注视时间上的差异，实验发现：相较于字面义偏向语境，量化词在反语义偏向语境中需要更长的加工时间，二者的差异体现在首次注视时间和总注视时间两个指标上。由于在所有实验水平上，兴趣区 3 的内容均为两个汉字（"很多"或"不多"），排除了材料信息量和句法结构不同导致注视时间出现差异的可能性，表明语义在早期识别和后期加工中起主要作用。换言之，在反语义偏向语境中，被试在阅读兴趣区 3 时，由于量化词的字面义与兴趣区 1 提供的事实信息不一致，出现理解困难，须经过进一步推理，才能获得与语境一致的反语义。

除了兴趣区 3 之外，实验还发现，在反语义偏向语境中，被试对兴趣区 2、4 和 7 的总注视时间也都显著长于字面义偏向语境中的总注视时间，且不同语境导致的差异在首次注视时间上均不显著，说明语境主要影响被试对这三个兴趣区的后期加工。由于无论在何种语境条件下，实验材料中兴趣区 2、4 和 7 的字面内容均相同，同一兴趣区本身不存在认知难度上的差异。在反语义偏向语境中，被试为了寻找有助于反语理解的线索，更多地返回上述三个兴趣区进行再读，进而说明被试在获得字面义（读完兴趣区 3）时并未获得反语义。

基于上述分析可以得出：语境不能越过字面义直接激活反语义；即使是高熟悉度反语（全部实验材料均为高熟悉度反语），反语义的通达仍然晚于字面义，语言语境（上下文关联）是促使认知主体做进一步推理并制约着认知主体朝反方向解读字面义的关键因素。

三、语境影响反语加工的一般模型

总的来说，标准语用、直接通达及等级凸显三种反语认知模型的主要分歧可总结为：①反语字面义在加工早期是否必然被激活及字面义是否参与后期语义整合；②语境在反语认知加工中起何种作用。本实验正是围绕这两个问题，在前人的理论基础之上，根据我们的实验数据构建语言语境影响反语认知的一般加工模型。（图 5-4）

语境作用

| 反语表达 | → | 激活、加工字面义 | → | 获得反语义
（字面义未被抑制） |

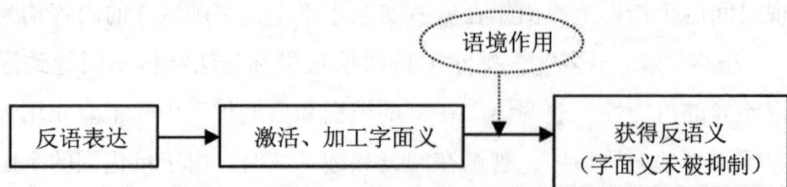

图5-4　语言语境影响反语认知加工的一般模型

对于反语字面义在加工早期是否必然被激活及字面义是否参与后期的语义整合，实验结果支持等级凸显模型及其"保留假说"——反语的字面义不仅会被激活，而且会保留在心理表征中参与后期加工。标准语用模型认为，字面义会被激活，但在获得反语义之后，字面义因被抑制而不参与后期的语义整合，该模型与我们的实验结果仅部分相符。直接通达模型则认为，字面义从一开始就未被激活，与实验结果不符。

对于语境在反语认知加工中的作用，本实验结果支持标准语用模型的语境观——反语义的获得必须要在发现字面义不符合语境之后，通过进一步推理才能做出符合语境的语义选择。直接通达模型认为，语境可以直接提取反语义而无需激活字面义，夸大了语境的作用，等级凸显模型则忽视了语境的作用，认为加工早期的语义激活是意义显性程度的问题，而不是语境的问题。

必须指出的是，无论是标准语用模型、直接通达模型，还是等级凸显模型，都是作为解释非字面语言的理论被提出和使用的，并非专门针对反语。虽然反语本质上属于非字面语言，但是与其他形式的非字面语言（隐喻、惯用语及谚语等）相比，具有其特殊性。一方面，隐喻、惯用语及谚语等非字面语言意义的获得很大程度上取决于规约性，反语的使用形式则较为灵活多变且对其意义的理解更加依赖语境；另一方面，说话人使用反语能够实现不同的交际目的，包括增加人际交往的趣味性、强调自己反对和讽刺的态度及引起与受话人之间的情感共鸣等等。换言之，反语表达包含更为丰富的语用内涵和语境效果。因此，尽管本实验结果不支持直接通达模型，但不能由此完全否定其对于其他形式非字面语言加工的合理性。只能说，此模型不适用于反语认知加工。

第六节　本章小结

本实验以肯定/否定量化词对代词回指推理的"聚焦效应"为切入点，在字面与反语表达条件下考察语篇阅读中汉语反语的认知机制，相较于以往考察孤立单句的研究成果，具有更高的生态效度和更强的说服力。实验得出以下结论：

①就字面义的作用而言，最先被激活的字面义虽然与语境不相符，但仍会被保留下来与反语义一起参与后期的语义整合，研究结果支持等级凸显模型及"保留假说"。

②就语言语境的作用而言，直接通达模型和等级凸显模型的语境观与实验证据不相符，研究结果支持标准语用模型：字面义作为反语加工的开端，总是首先被激活与加工，反语义的通达晚于字面义；语言语境无法越过字面义直接激活反语义，上下文关联是促使认知主体做进一步推理并制约认知主体朝反方向解读字面义的关键因素。

第六章

说话人交际风格与受话人语用能力影响反语认知加工的事件相关电位研究

语境是使用语言的现实环境，广义的语境包括语言语境（言内语境）和非语言语境（言外语境）两个类别。语言语境，指上下文关联，包括文章的上下文和说话的前言后语。非语言语境，指使用语言的外部环境，包括由时间、地点、场合、对象等客观因素和语言使用者的身份、思想、性格、职业、修养、处境、心情等主观因素所构成的语言使用环境。

认知语境理论认为，语境是一个整体，语境各因素之间不是独立起作用的，而是相互关联、相互作用的，共同对意义建构和阐释产生影响。已有的绝大多数实证研究仅从说话人或者受话人的单一角度出发，考察某一类非语言因素对语言认知过程的影响，忽略二者之间的内在联系，这样的研究显然存在一定局限性。因此，本实验基于认知语境理论的基本观点，同时从说话人与受话人两个角度切入，考察说话人的交际风格与受话人的语用能力协同影响反语认知加工的动态过程，旨在探究非语言语境如何对反语认知加工产生影响。

第一节　研究背景

事件相关电位（event-related potentials，ERP）是突触后电位的总和，反映了与刺激呈现时间同步的大脑电反应的信号，可以提供毫秒级的时间分辨率。ERP成分是多维度的，可以从潜伏期、极性、波幅及头皮分布等多个方面来描述。一般来说，波幅通常以微伏为单位，反映大脑兴奋程度的高低，显示了认知加工的难易程度；潜伏期以毫秒为单位，反映了认知加工的时间进程，是神经活动与加工过程速度和时间的评价；脑地形图则表明不同认知过程的脑内源。

客观地说，ERP技术本身具有一定的局限性（阅读中需要控制被试的眼动，只能以字或词为单位逐个呈现，在一定程度上影响了实验的生态效度）。但是尽管如此，相较于其他实验方法，ERP 技术仍然具有突出的优点：①时间分辨率高，能够以毫秒（甚至微秒）单位连续提供与实时知觉和认知加工相关的脑电变化；②无创伤性；③事件敏感性；④数据丰富。因而，其成为语言认知研究中最重要的实验方法之一。

一、与语义加工相关的 ERP 成分

目前已知的与语义加工相关的 ERP 成分主要包括 P200 和 N400。

实验发现，向从未学过汉语的英语母语被试呈现英语单词时，在枕区记录到 200～250 毫秒的正电位；然而在呈现汉语单词时，则未出现这一电位。类似地，向从未学过英语的汉语母语被试呈现英语单词和汉语单词，仅在呈现汉语单词时记录到 P200 成分。由此可见，这一早期正电位的出现并不是两种文字系统的差异引起的，而是刺激的可识别性所导致的。除了文字刺激，有意义的图像也会诱发 P200，比如面孔和图片等。因此，P200 也被称为识别波（recognition potential，RP）。既然刺激的可识别性是引发 RP 的关键，那么对于语言刺激来说，RP 很有可能对语义加工具有敏感性。马丁·洛埃切斯（Martin-Loeches）等人在实验中向被试呈现字母残片刺激串、字母串、真词符合正字法的假词及真词。由于字母残片刺激串可看作无意义图形，因此可作为基线。后三种刺激分别对应字母加工、正字法加工和语义加工，在词汇加工的程度上依次加深。实验发现，与字母残片刺激串引起的 RP 的波幅相比，文字刺激引起的 RP 波幅随语言分析水平的提高而逐步增大，在真词情况下产生了最大的波幅，说明 RP 是对不同心理语言水平的渐进的反映。进一步研究发现，相同语义范畴（如目标词都是动物）的 RP 比不同语义范畴的波幅更大，说明 RP 不仅对语义敏感，而且对语义的内部细节也较为敏感。刘涛等人的实验结果显示，当名词和动词出现在各自适合的语境中时，名词诱发出一个增大的 P200。在另外一些研究名词和动词加工的实验中也发现了 P200 成分，但主要集中在额区。由于名词和动词本身固有的词汇语义信息不同，名词主要是指称人和事物，而动词主要指称动作行为，因此他们认为，实验中的 P200 效应可能在一定程度上反映了早期在识别名词和动词

词汇语义信息时加工上的差别。

RP 的神经发生源位于舌回 / 梭状回（lingual/fusiform gyrus）的中间部分。舌回和梭状回在语义加工中扮演着重要角色，诸多研究证据表明这个区域逐渐成为继布洛卡区和威尔尼克区之后的第三大语言加工区域。有研究发现 80~265 毫秒的 ERP 成分对语义加工敏感，RP 与这个时段十分接近。由此，头皮分布和潜伏期都说明 RP 很可能是语义加工的较好指标，可能成为用 ERP 研究语义加工的一个有效工具。

N400 这一成分最初由库陶什（Kutas）和希利亚德（Hillyard）在研究中发现，当句尾词与句子语境不一致时，在该词呈现 300~600 毫秒后产生了位于靠后脑区的负电位。N400 的波幅与目标词在语境下的可预测性有关，可预测性越小，N400 波幅越大。在语义和语用不合适、语义类别错误及与先前知识不一致等诸多情况下都会出现 N400 效应。在视听多种通道的语言研究中都发现了 N400 成分。在视觉通道中，N400 的最大波幅位于右侧的中央顶叶。听觉通道中，它的分布则更加对称，有稍微偏左的趋势，而且出现的时间更早、持续时间更长，可能是单词在它的听觉呈现完毕之前就会被识别所引起的。N400 对语义联系的变化程度敏感，如反义词（black — white）、典型成员（bird — robin）、非典型成员（bird — turkey）及无关项目诱发的 N400 波幅依次增大。在句子加工中，当目标词出现在句尾比在句中产生的 N400 波幅会减小，可能是因为在句子整合中句尾词可以利用的信息更多。句子理解任务中提高单词呈现的速度会延迟 N400 的出现，并使它的分布更靠额叶，这可能是由于单词呈现速度的提高增加了单词理解难度。N400 的潜伏期随年龄的增长而减短，可能是词汇通达和语义整合过程的熟练化所造成的。但是老年人 N400 的潜伏期又有所增加，这可能与语言方面能力的损伤有关。

对于 N400 在语言理解中扮演的角色问题，有很多不同的观点。有观点认为 N400 与最初词汇通达或单词的语义表征有关，也有观点认为 N400 反映了词汇后的语义整合，还有研究者认为 N400 反映了不相关知识的抑制。虽然对于 N400 产生的认知机制还莫衷一是，但较为一致地认为：① N400 的波幅与目标词的语境启动量成反比；②它反映了语境对意义制约的建构过程；③它的出现与词汇整合是否成功有关。总之，N400 与语言加工的词汇—语义方面有关，对语义违反比较敏感。

二、与句法加工相关的 ERP 成分

ELAN/LAN 和 P600 则是比较公认的与句法加工相关的 ERP 成分。

（1）ELAN/LAN。20 世纪 80 年代中期，研究者发现，在许多句法违反的情况下，左半球前部出现一种负波，其潜伏期长短变化很大，在 100～500 毫秒之间变动，因此将其称为左前负成分（left anterior negativities，LAN）。后来，研究者根据句法违反的种类又分离出了潜伏期很短的 ELAN，ELAN 是在短语结构违反（如单词类别错误 "your write"）时，于 100～200 毫秒之间出现的负波，因此也被称为早期左前负成分（early left anterior negativities，ELAN）。但是研究者们通常还是习惯于将包括 ELAN 在内的反映句法违反的左前负波统称为 LAN。

对于 ELAN 出现的条件，研究者们将 ELAN 解释为反映语言理解中句法结构早期自动化加工的 ERP 成分。相较而言，LAN 则多在加工一致性句法违反，比如名词复数不一致 "some shells is soft" 的句子中出现。康诺利（Connolly）与菲利普斯（Phillips）在逐词呈现的视觉实验中发现，一致性违反词后约 300～500 毫秒之间出现一个负成分，主要分布在左半脑，在脑前中央或前方达到最大值。科尔森（Coulson）等人使用动词错误（every monday he mow the lawn）和代词错误（the plane took we to paradise and back）两种实验材料，也发现了 LAN 效应。代词错误引发的 LAN 在左额叶波幅最大，而动词错误引起的在中间顶叶稍微靠近右半脑位置波幅最大。已有的研究结果说明，LAN 主要反映了短语结构违反和句法形态违反。在其他条件相当（如呈现模式）时，左前负成分的潜伏期由违反的种类决定，短语结构违反引发了早期占主导地位的 ELAN，而句法形态违反引发晚一些的 LAN。

（2）P600。此成分主要分布于中央顶区，是在关键词呈现后 500～600 毫秒左右开始出现的正波，又称句法正漂移（syntactic positive shift，SPS），最早出现在句法违反和形态违反的研究中。晚期正成分 P600 与句法违反紧密相关，能引起 ELAN 的短语结构违反和引起 LAN 的一致性违反都能诱发 P600。此外，代词错误（the plane took we to Italy）和动词时态错误（the cats won't eating the food）等存在真正句法违反的句子也能引发 P600。更重要的是，P600 还出现在没有句法错误但有加工困难的句子中。奥斯特豪特（Osterhout）和霍尔库姆（Holcomb）运用花园路径句为实验刺激材料，例如"The broker persuaded to sell the stock"，其中"to"是消除歧义的成分，它的出现使句子结构不同于一般的主—谓—宾结构（The broker persuaded the man）。研究发现，"to"在 600 毫秒左右诱发了分布在中央顶叶的正成分。

总地来说，LAN 反映了实时句法加工，而 P600 反映了句法整合过程。当没有真正的句法违反时便不出现 LAN，并且 LAN 的潜伏时间会随句法信息的可获得性而变化，但是却不受额外的语言变量如可能性和任务的影响。相反，P600 既出现在句法违反的句子里，也出现在没有句法违反但需要读者调整句子结构的句子里，会随着可能性和任务要求而变化。有研究者认为可以将 LAN 和 P600 与句法加工的两阶段模型对应起来。LAN 和第一阶段的句法结构在词类信息基础上的建立有关，包括它的语义和选择性限制，以及如动词类别的句法信息等；P600 则与第二阶段的主题角色分配即句法和语义匹配有关，包括词类违反、亚词类别违反及一致性信息的违反等。

近年来还有一些研究则发现，句子中语义违反时也引发了 P600 效应，即语义 P600 效应。库珀伯格（Kuperberg）等人考察英语母语被试加工两种不同的语义违反句的脑电差异。第一种语义违反句是将正确句"Every morning at breakfast the boy would eat……"中的主语替换为非生命性的"eggs"，从而构成题元角色生命性违反（thematic role animacy violations）；第二种语义违反句则是将正确句中的动词替换为"plant"，该动词和之前的语义情境不一致，从而构成非题元角色语用违反（non-thematic role pragmatic violations）。这两种语义违反的句子句法都是正确的，但是语义不正确。结果发现，语用违反引发了 N400，而生命性违反则引发了通常出现于句法违反中的 P600 效应，即语义 P600 效应，表明 P600 不只反映句法分析加工，也反映晚期句子语义的整合。

三、非字面语言认知加工的 ERP 研究

众多学者针对各种形式的非字面语言认知加工开展了大量的实证研究。

总体上看，这些研究主要集中在对隐喻（metaphor）和习语（idiom）进行探讨，且大都发现隐喻表达和习语表达相较于字面表达诱发了 N400 效应，表明非字面语言在语义加工上具有更大难度，需要受话人付出更多的认知资源。张辉等人采用 ERP 手段考察合成性（compositionality）效应对汉语习语认知加工的影响。研究者依据意义合成性的程度高低将汉语习语划分为三个等级，与非习语的字面表达做对照，采用字面解释作为启动，要求被试完成语义判断任务。实验发现了 N250 和 N400 成分效应：高组合性习语诱发的 ERP 效应最小，低组合性习语诱发的 ERP 效应最大；相较于习语，非习语的字面表达诱发较大的 ERP 效应。实验结果证实合成性在汉语习语认知加工中激活比喻性含义的特殊作用，以及受话人在加工过程中试图进行的合成性分析。实验结果支持合成假说（compositional hypothesis），习语表达中每个字的字面意义都被激活且保留在受话人的心理表征中，作为背景用于和习语意义进行对比。

相对而言，针对其他形式非字面语言（包括幽默、谚语及反语等）认知加工开展的 ERP 实验研究数量较少。科尔森与吴英俊开展了有关笑话理解的 ERP 研究。法拉第（Ferretti）等人考察谚语认知加工的实验发现，尽管在字面义偏向与比喻义偏向两种语境条件下，被试在阅读时间上并不存在显著差异，但是 ERP 数据表明，比喻义偏向语境条件下意义整合的难度更大，这一差异从谚语表达的第三个词开始出现。

对于反语认知加工，雷格尔（Regel）试图评估韵律对反语理解的影响（通过操纵语境和反语表达的副语言成分），结果显示韵律并没有导致 N400。但是在反语偏向语境下发现了一个持续性的后正波（在 500～900 毫秒时间窗内）。这些结果证实当有足够的语境信息的时候，反语加工至少在第一阶段是比较容易的（韵律丰富背景下并没有产生 N400 效应）。科内霍（Cornejo）等人运用 ERP 手段来评估不同的认知加工策略对反语加工的影响作用。通过呈现不同的问题（"目标句与前文是否一致"和"目标句在文中是否有意义"）引导两组被试分别采用分析策略（analytic strategy）或整体策略（holistic strategy）对短文篇末的目标句进行判断。结果显示，在采用整体策略的条件下，被试在判断反语目标句时产生了一个类似于 N400 成分的负波，主要分布在左额中区域，表明被试需要付出更大的认知努力。阿门塔（Amenta）与巴尔科尼（Balconi）运用听觉的方式呈现一句话形式的反事实句子（An insult is a pleasantry），以 N400 为指标研究语用线索（例如韵律）对反语理解的影响。实验假设如果反语被受话人感知为一种语义不一致的话，相应实验条件下应会出现一个更大波幅的 N400。相反，如果反语韵律与语境信息的共同作用易化了受话人对反语意图的识别，那么将不会出现 N400 效应。如果反语义是在字面义被加工并被拒绝之后才获得的，那么应该会出现 N400。反之，如果反语义与字面义同时加工或者反语义是直接通达的，则不会出现 N400 这一成分。实验发现，在所有的条件下都观察到了在 460 毫秒左右的一个 N400 成分。但是句子类型（反语表达与字面表达）和句子内容（反事实与非反事实）之间都不存在显著性差异。将字面义与非字面义句子进行比较发现，反语表达虽然引起 N400 的波幅增大，但并未达到显著水平，说明实验中出现的 N400 效应并不能说明反语被当作了语义违反来处理，进而拒绝了标准语用模型的假设。实验中观察到 N400 成分差异有可能是因为被试需要调用更多的认知资源来整合复杂词汇、韵律和情境方面的线索。

雷格尔等人的研究发现，对交流者讲话风格（经常使用反语 vs 偶尔使用反语）的识别会影响反语的理解。研究结果证明，与说话人有关的语用线索影响早期的语义加工（关键词呈现后 200 毫秒），以及后期的句法整合过程（500～900 毫秒）。雷格尔等人的另一项研究则发现，反语认知加工并未导致出现 N400 效应，而是诱发了较大的晚期正成分 P600。两项实验结果表明，反语理解并非必然存在语义整合上的难度增大，而需要受话人付出较多的认知资源进行语用含义的推理。

第二节　实验设计

一、实验目标

在自然言语交际中，语言运用的形式灵活多样，影响反语理解的多种因素可能同时对受话人的认知加工产生影响。许多研究者致力于提出符合客观事实且具有较强解释力的反语认知模型，但是从现有的研究成果来看，最大的问题在于我们尚不完全了解同时影响反语认知加工的各种关联因素及其作用机制。到目前为止，学者们从语义、句法、韵律、语境及认知个体差异等多角度考察了影响反语认知的相关因素，但是绝大多数研究都只围绕其中的某一个因素展开，因此需要更多地探讨各种因素之间的相互影响，从而探索人类心智的作用机制。本研究试图同时从说话人（交际风格）和受话人（被试的语用能力）两个角度切入，考察两类非语言语境因素协同影响反语认知加工的动态过程。具体地说，借助 ERP 技术考察说话人的交际风格是否及如何对反语认知加工产生影响，受话人的语用能力是否及如何影响其对说话人交际风格的感知，进而制约反语认知加工。

二、实验范式

基于研究目的，本实验借鉴前人实验设计，采用视觉通道的句子阅读理解范式。句子阅读理解范式是语言认知加工 ERP 研究较常使用的实验范式之一。该范式要求被试阅读语言刺激材料，刺激材料一般采用 RSVP 范式呈现：由研究者设定刺激呈现时长，划定被试每一屏的阅读区间，分屏呈现刺激材料。同时记录被试对刺激材料阅读理解过程中的脑电活动。由于刺激材料在实验中分开呈现，因此可以逐一记录并分析句子中不同词语或成分的加工过程，有利于细致地分析句子成分加工过程。

对被试语用能力进行量表问卷测试，所用量表为巴隆 - 科恩等人研发的测试量表。该量表是适用于正常人群及自闭症人群进行自我评测问卷测试，能够对受试所具有的自闭症谱系障碍（autism spectrum disorder，ASD）相关特征进行评估。该量表共 50 道测试题，下分为 5 个子量表：①社交技能量表；②语言沟通能力量表；③注意力转换能力量表；④细节注意能力量表；⑤想象力（imagination）量表。虽然该量表当前尚且不能作为诊断性量表，但对 ASD 不同特征水平的评估细致，并且问卷测试量较少，对受试的问卷作答和主试的问卷统计工作都具有简便性。因而，目前该量表已经被运用到临床和心理学相关的研究中。赵鸣首次采用此量表考察汉语等级含义加工的神经机制，发现不同水平语用能力者在等级含义加工机制方面存在较大差异性。高语用能力者对等级含义具有高敏感性，能够根据触发词及其所在的等级关系，快速计算推理出相关的隐含意义。与之相比，低语用能力者对等级含义的敏感性弱，对等级含义的计算推理加工具有延迟性。赵鸣认为，仅选用语言沟通能力量表衡量被试语用能力较为单一、片面，语用能力至少应该包括社交能力和语言交流能力两个方面。"社交能力"指某人通过一些具有普遍意义的行为来促进合作，以及确认这些行为能够被理解和能够让对方做出合理解释的能力。研究发现，96%的交际能力损伤患者会表现出语用性语言损伤（pragmatic language impairment），无法选择合适的言语与他人进行正常的沟通和交流。因此，社交能力应该是评估语用能力水平的重要方面。综合上述考虑，本实验选用该量表中社交技能子量表和语言沟通能力子量表作为被试语用能力评估量表，并根据量表得分中位数区分出语用水平高、低两组被试。

三、实验材料及评定

假设150个不同的场景，每个场景下编制一个简短的语篇，每个语篇均包括两部分。第一部分描述场景及人物，含2~4个陈述句，以3~4行同时呈现，此部分作为语境，为被试判断说话人是否使用反语表达提供了重要依据。第二部分为说话人用一个含明显评价词的陈述句针对语篇所述的事实做出字面或反语评价。评价话语作为目标刺激句，以RSVP方式逐字呈现，共含7~9个汉字，评价词均置于句末。

本实验的全部刺激材料中，有且只有说话人A（"王伟"）与说话人B（"李强"），二人不会在一个语篇中同时出现。为了防止说话人的性别、年龄及职业等其他因素可能影响被试对其评价话语的理解，实验材料采用日常生活中的普通场景，虚拟说话人均为男性，年龄相近。语篇未涉及说话人性格、职业等具体信息。

为了保证实验材料的合理性，60名不参加正式实验的某高校本科生（男27人，女33人）对材料进行评定。每个场景下设2个问题，要求被试选择恰当的字面或者反语评价将语篇补充完整，共300题，分为两个系列，每个场景在同一系列中只出现一次。每个系列分别由随机安排的30名被试完成。评定采用问卷形式，含150个单选题，每题各有4个选择项：符合语篇所述事实的字面评价、与语篇所述事实相反的反语评价、与语篇内容相关但与语境不相符的干扰评价、"上述选项均不恰当"，前三个选项以随机顺序排列。从 150 个语篇中选取答题正确率最高的 130 个语篇作为正式实验材料，平均正确率为 90.2%。

将 130 个语篇分为两个部分，要求被试在两个实验阶段分别进行阅读理解。实验的第一阶段含 50 个语篇，其中 25 个语篇中的说话人为 A，其余 25 个语篇中的说话人为 B。为了塑造两个说话人不同的交际风格，实验控制两个说话人使用字面评价和反语评价的频率：说话人 A 的评价话语中，字面评价占其全部话语的 80%，反语评价占 20%；说话人 B 的评价话语中，字面评价占 20%，反语评价占 80%。第二阶段与第一阶段类似，共含 80 个语篇，其中 40 个语篇中的说话人为 A，其余 40 个语篇中的说话人为 B。但与第一阶段不同的是，说话人 A 和 B 使用字面评价和反语评价的频率均为 50%。（表6-1）

表 6-1　各条件下的事件相关电位实验材料举例

说话人	字面表达	反语表达
说话人 A	王伟通过同学徐丽介绍，接了一份家教兼职，给一个刚上初中的小男孩辅导功课。几次课下来，王伟发现小男孩总是一点就通，而且能够举一反三，就连高中阶段的数学题也难不倒他。王伟对徐丽说："这孩子可真聪明。"	长期以来，王伟深受胃病的困扰。同学高梅告诉他，有位老中医开的药很有效，王伟决定去试试。王伟坚持吃了一个月的药，胃疼的症状不但没有减轻，反而越来越严重，时常疼得整晚都睡不好觉。王伟对高梅说："这医生的医术真高明。"
说话人 B	李强隔壁邻居老刘的儿子今年十六岁，乖巧听话、谦和有礼，还常常主动帮助邻里。晚上，妻子告诉李强，今天又是老刘儿子帮自己把一大袋米扛上六楼。李强对妻子说："他们家孩子真懂事。"	周末，李强在家休息。楼下邻居周奶奶有急事要出门，请李强帮忙照看她五岁的小孙女。整个下午，小女孩上蹿下跳，跑来跑去，一刻也没歇着，吵得李强头都疼了。晚上，周奶奶来接孙女，李强说："您家孙女可真文静。"

为了促使被试在实验过程中认真阅读，并且对目标刺激句的语义理解保持注意力，但又不会将注意力完全集中于说话人是否使用反语表达，以避免形成策略性加工对实验结果产生影响，50% 的刺激序列后附有一道与语篇内容相关的阅读理解题，被试通过按键在 F 与 J 两个备选答案中做出选择后进

入下一刺激序列，答案 F 与 J 的比例为 1∶1。其余 50% 的刺激序列后呈现"请按空格键继续"，待被试按空格键后进入下一刺激序列。所有刺激（包含 100 个作为填充材料的与本实验无关的刺激材料）采用伪随机呈现。

四、实验内容及流程

实验在隔音且光线较暗的室内进行，实验内容包括两个部分，实验过程分为两个阶段。

采用 E-prime2.0 进行编程，全部实验语篇均被编辑为图片格式，以黑色宋体字在灰色背景上呈现。被试水平注视计算机屏幕中央，视距 80 厘米，水平视角为 4°，要求被试双手食指分别置于 F 键和 J 键上，拇指置于空格键上，做好实验准备。

实验刺激呈现顺序为：首先呈现红色提示符"＋"，呈现时间为 300 毫秒，以提醒被试做好准备；随后以语篇形式单屏自动呈现刺激材料的第一部分，呈现时间 10000 毫秒，若被试提前完成语篇阅读，可按空格键继续；接着单屏呈现"说话人 A/ B+ 说"，呈现时间为 500 毫秒；随后采用 RSVP 范式逐字呈现目标刺激句，每个汉字的呈现时间为 300 毫秒，分屏呈现汉字的间隔时间（ISI）为 200 毫秒；目标句的最后一个词呈现完毕后，间隔 1500 毫秒呈现阅读理解题（或者"请按空格键继续"），被试按键后间隔 200 毫秒进入下一刺激序列。

在正式实验开始之前，要求被试进行简短的练习实验，保证被试熟悉实验流程并正确理解实验任务。正式实验分为两个阶段进行：第一阶段含 50 个语篇，说话人 A 和 B 出现的次数相同，但 B 使用反语评价的频率明显高于 A（80% vs 20%），被试每阅读完 10 个语篇，便被要求稍事休息，实验时间约为 20 分钟 / 人。第二阶段共含 80 个语篇，说话人 A 和 B 出现的次数相同，使用反语评价的频率也相同，反语评价与字面评价所占的比例均为 50%，被试每阅读完 10 个语篇后稍事休息，实验时间约为 30 分钟 / 人。在结束所有实验任务之后，要求被试完成一份语用能力评估量表。两个实验阶段的间隔时间为 6～8 小时（分别安排在同一天的早晨和晚上）。为了减少记录时的伪迹，要求被试在刺激呈现时身体放松，少动，尽量避免过于频繁地眨眼。

五、实验被试

共有 30 名（男 17 人，女 13 人）浙江某高校学生参加本实验，平均年龄为 21.06 ± 2.77 岁。所有被试均为右利手，以汉语为母语，视力正常或矫正后正常，无精神或神经疾病史。被试通过广告招募的方式随机抽样，完成实验后获得一定现金报酬。其中 3 名被试因脑电数据伪迹过多和 1 名被试因阅读理解题正确率低于 90%，其数据被剔除。最终进入脑电数据统计分析的有效被试量为 26 人（男 14 人，女 12 人）。

六、数据采集

采用 Neuroscan Synamps 2 记录脑电，被试佩戴 Neuroscan 公司生产的 Quick-Cap 64 导联电极帽，电极以国际 10-20 系统为基础设置。在线记录脑电时，以左侧乳突为参考电极，在离线分析时，重新转换成双侧乳突连线为参考。同时，在双眼外侧放置电极以记录水平眼电，在左眼上下眶放置电极以记录垂直眼电，接地点置于 FPz 和 Fz 的中点，电极与头皮接触电阻保持在 $5k\Omega$ 以下，采样率为 1000Hz，模拟滤波带通为 DC-100 Hz。脑电数据存储于计算机硬盘内，供离线分析使用。

根据被试的社交技能子量表和语言沟通能力子量表评测得分，对被试的语用能力进行评估，并且按照全体被试量表得分的中位数把被试划分为语用能力高、低两组。先对全体被试进行分析，再依据语用能力高低做进一步分组分析。

使用 Neuroscan 4.3.3 对采集的脑电进行离线分析处理。使用 DC 矫正去除脑电采集中慢电位漂移造成的伪迹，利用回归的方法去除眼电干扰。对目标刺激句诱发的 ERP 成分进行分析。取目标刺激句的最后一个字呈现前 200 毫秒至呈现后 1000 毫秒为分析时段。在 ERP 数据分析时段内，波幅大于 ± 100 微伏的伪迹信号被剔除。对所要考察的脑电数据进行叠加平均。在结果总平均图呈现时，为了更好地观察不同类型刺激之间的差异性，对总平均的 ERP 波形进行 30Hz 的低通滤波，但是所有用于统计分析的数据都未经过滤波处理，以避免波形失真对数据可靠性造成影响。

根据 ERP 总平均波形图特征，在合适的时窗内对不同类型刺激诱发的

ERP 的平均幅值进行统计分析。为了对诱发成分的头皮分布进行更细致的统计分析，以前（anterior：F3，FZ，F4，FC3，FC4）、中（central：C3，CZ，C4）、后（posterior：CP3，CPZ，CP4，P3，PZ，P4）脑区和左（left：F3，FC3，C3，CP3，P3）、中（middle：FZ，FCZ，CZ，CPZ，PZ）、右（right：F4，FC4，C4，CP4，P4）半球为维度，将大脑皮层划分为 9 个兴趣区（regions of interest，ROI），如图 6-1 所示。运用 SPSS17.0 统计软件将各 ROI 电极点的幅值平均后再进行分析，并采用 Greenhouse-Geiss 法对 p 值进行校正。

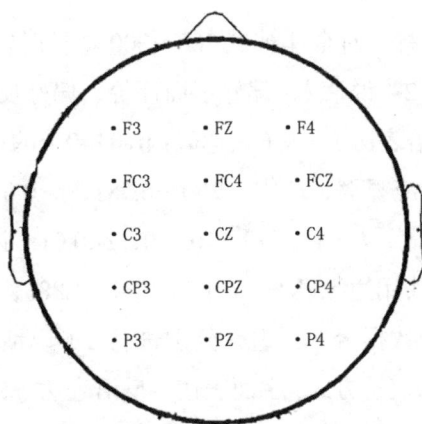

图 6-1　采用 Neuroscan Synamps2 进行分析的电极分布

第三节　实验结果

为了促使被试在实验过程中认真阅读，并且对目标刺激句的语义理解保持注意力，但又不会将注意力完全集中于说话人是否使用反语表达，以避免形成策略性加工对实验结果产生影响，本实验中 50% 的刺激序列后附有一道不直接指出实验目的但与语篇内容相关的阅读理解题。对被试答题的结果进行统计，两个实验阶段被试回答阅读理解题的平均正确率分别为 94.1%（SD=3.52）和 92.5%（SD=5.09），表明实验过程中被试均认真阅读刺激材料。

根据社交能力子量表和交流能力子量表的总得分，对被试语用能力水平进行评估。社交能力和交流能力子量表总分值范围为 1～18 分（M=8.11，

SD=4.03）。根据量表得分中值对被试进行分组：高语用能力组（N=13，男7人，女6人）和低语用能力组（N=13，男7人，女6人）。高语用能力组被试量表得分范围为1～8分（M=4.15，SD=2.02），低语用能力组被试量表得分范围9～18分（M=12.47，SD=3.39），两组被试语用能力得分具有显著性差异（$p<0.04$）。针对不同实验阶段及时窗，首先对全体被试进行分析，再依据分组结果做进一步分析，书中仅对存在显著效应的数据分析结果进行报告。

一、第一阶段200～300毫秒时窗

（1）全体被试分析。对全体被试200～300毫秒时窗内不同条件下ERP成分的平均幅值进行2（说话人：偏好字面评价、偏好反语评价）×2（表达方式：字面表达、反语表达）×9（兴趣区：ROI1-9）的三因素重复测量方差分析。兴趣区的主效应显著，$F_{(1, 25)}$=6.981，$p<0.01$；说话人与表达方式交互作用二因素显著，$F_{(1, 25)}$=10.130，$p<0.01$；说话人、表达方式及兴趣区三因素的交互作用边缘显著，$F_{(1, 25)}$=1.885，$p=0.068$。

按兴趣区将实验数据分为9组，分别进行2（说话人：偏好字面评价、偏好反语评价）×2（表达方式：字面表达、反语表达）的二因素重复测量方差分析。对于兴趣区2［$F_{(1, 25)}$=7.522，$p<0.02$］、兴趣区3［$F_{(1, 25)}$=12.169，$p<0.01$］、兴趣区4［$F_{(1, 25)}$=6.649，$p<0.03$］、兴趣区5［$F_{(1, 25)}$=11.404，$p<0.01$］、兴趣区6［$F_{(1, 25)}$=11.376，$p<0.01$］、兴趣区8［$F_{(1, 25)}$=9.698，$p<0.01$］和兴趣区9［$F_{(1, 25)}$=6.619，$p<0.03$］，说话人与表达方式的交互作用显著。

简单效应分析表明，对于兴趣区2［$t_{(25)}$=-2.704，$p<0.02$］、兴趣区3［$t_{(25)}$=-3.209，$p<0.01$］、兴趣区5［$t_{(25)}$=-3.598，$p<0.01$］、兴趣区6［$t_{(25)}$=-3.228，$p<0.01$］、兴趣区8［$t_{(25)}$=-3.472，$p<0.01$］和兴趣区9［$t_{(25)}$=-2.719，$p<0.02$］，当说话人B使用反语表达时，诱发P200的波幅显著大于说话人A使用反语表达时。

（2）高、低语用能力分组分析。对所有被试200～300毫秒时窗内不同条件下ERP成分的平均幅值进行2（说话人：偏好字面评价、偏好反语评价）×2（表达方式：字面表达、反语表达）×9（兴趣区：ROI1-9）×2（组别：

高语用能力、低语用能力）的四因素重复测量方差分析，其中说话人、表达方式及兴趣区均为被试内因素，组别为被试间因素。组别因素主体间效应不显著（$p>0.05$）；说话人与组别二因素的交互作用显著，$F_{(1, 24)}=4.977$，$p<0.05$。

按兴趣区将实验数据分为9组，分别进行2（说话人：偏好字面评价、偏好反语评价）×2（表达方式：字面表达、反语表达）×2（组别：高语用能力、低语用能力）的三因素方差分析。对于兴趣区6［$F_{(1, 24)}=6.013$，$p<0.03$］、兴趣区7［$F_{(1, 24)}=4.537$，$p=0.051$］、兴趣区8［$F_{(1, 24)}=4.952$，$p<0.05$］和兴趣区9［$F_{(1, 24)}=6.641$，$p<0.03$］，说话人与组别二因素的交互作用显著或边缘显著。

进一步的简单效应分析表明，对于兴趣区6（MD=1.921，$p=0.068$）和兴趣区9（MD=2.270，$p<0.04$），在说话人B的水平上，高语用能力组被试的P200波幅显著大于低语用能力组被试。

二、第一阶段300～400毫秒时窗

（1）全体被试分析。对所有被试300～400毫秒时窗内不同条件下ERP成分的平均幅值进行2（说话人：偏好字面评价、偏好反语评价）×2（表达方式：字面表达、反语表达）×9（兴趣区：ROI1-9）的三因素重复测量方差分析。兴趣区的主效应显著，$F_{(1, 25)}=5.780$，$p<0.01$；说话人、表达方式及兴趣区三因素的交互作用显著，$F_{(1, 25)}=2.999$，$p<0.01$。

按兴趣区将实验数据分为9组，分别进行2（说话人：偏好字面评价、偏好反语评价）×2（表达方式：字面表达、反语表达）的二因素重复测量方差分析。对于兴趣区5［$F_{(1, 25)}=4.626$，$p<0.05$］，说话人的主效应显著；对于兴趣区3［$F_{(1, 25)}=4.538$，$p=0.05$］、兴趣区6［$F_{(1, 25)}=3.830$，$p=0.069$］、兴趣区8［$F_{(1, 25)}=4.307$，$p=0.056$］和兴趣区9［$F_{(1, 25)}=4.039$，$p=0.063$］，说话人与表达方式的交互作用均边缘显著。

简单效应分析表明，对于兴趣区3［$t_{(25)}=-2.744$，$p<0.02$］、兴趣区5［$t_{(25)}=-3.629$，$p<0.01$］、兴趣区6［$t_{(25)}=-2.718$，$p<0.02$］、兴趣区8［$t_{(25)}=-3.603$，$p<0.01$］和兴趣区9［$t_{(25)}=-3.084$，$p<0.01$］，说话人A

使用反语表达时诱发的波幅 N400 大于说话人 B 使用反语表达时。

（2）高、低语用能力分组分析。对所有被试 300～400 毫秒时窗内不同条件下 ERP 成分的平均幅值进行 2（说话人：偏好字面评价、偏好反语评价）×2（表达方式：字面表达、反语表达）×9（兴趣区：ROI1-9）×2（组别：高语用能力、低语用能力）的四因素重复测量方差分析，其中说话人、表达方式及兴趣区均为被试内因素，组别为被试间因素。组别因素被试间的主效应不显著（$p>0.05$）；说话人与组别二因素的交互作用显著，$F(1, 24)=4.745$，$p<0.05$。

按兴趣区将实验数据分为 9 组，分别进行 2（说话人：偏好字面评价、偏好反语评价）×2（表达方式：字面表达、反语表达）×2（组别：高语用能力、低语用能力）的三因素方差分析。对于兴趣区 6 $[F(1, 24)=6.168, p<0.03]$、兴趣区 8 $[F(1, 24)=3.859, p=0.07]$ 和兴趣区 9 $[F(1, 24)=7.144, p<0.02]$，说话人与组别二因素的交互作用显著。

简单效应分析表明，对于兴趣区 6（MD=-2.494，$p<0.04$）和兴趣区 9（MD=-1.451，$p=0.063$），在说话人 A 的水平上，高语用能力组被试的 N400 波幅大于低语用能力组被试。（图 6-2）

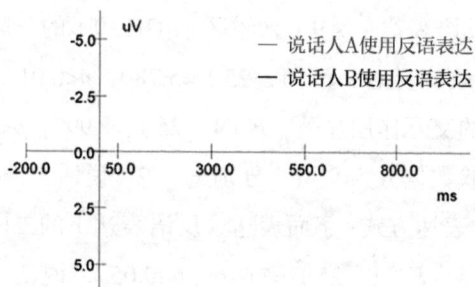

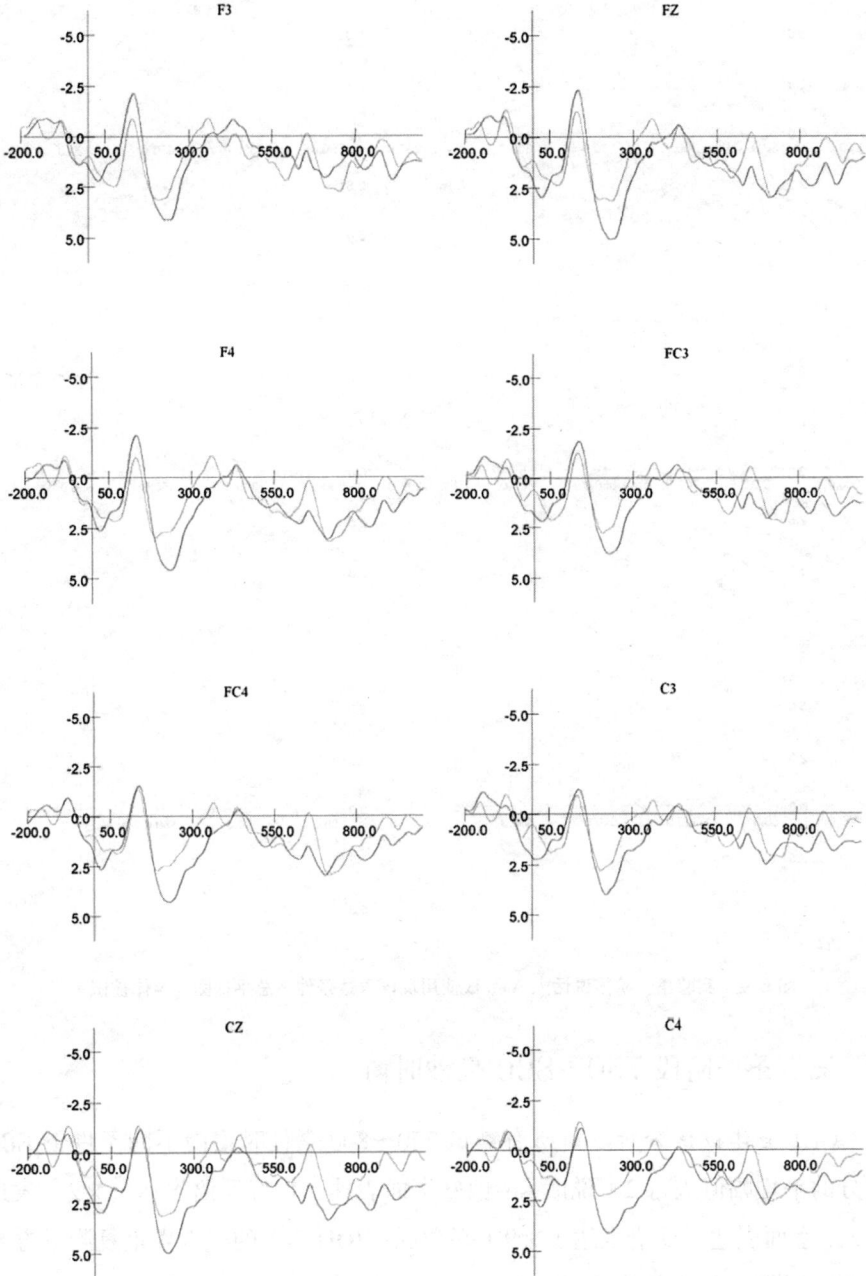

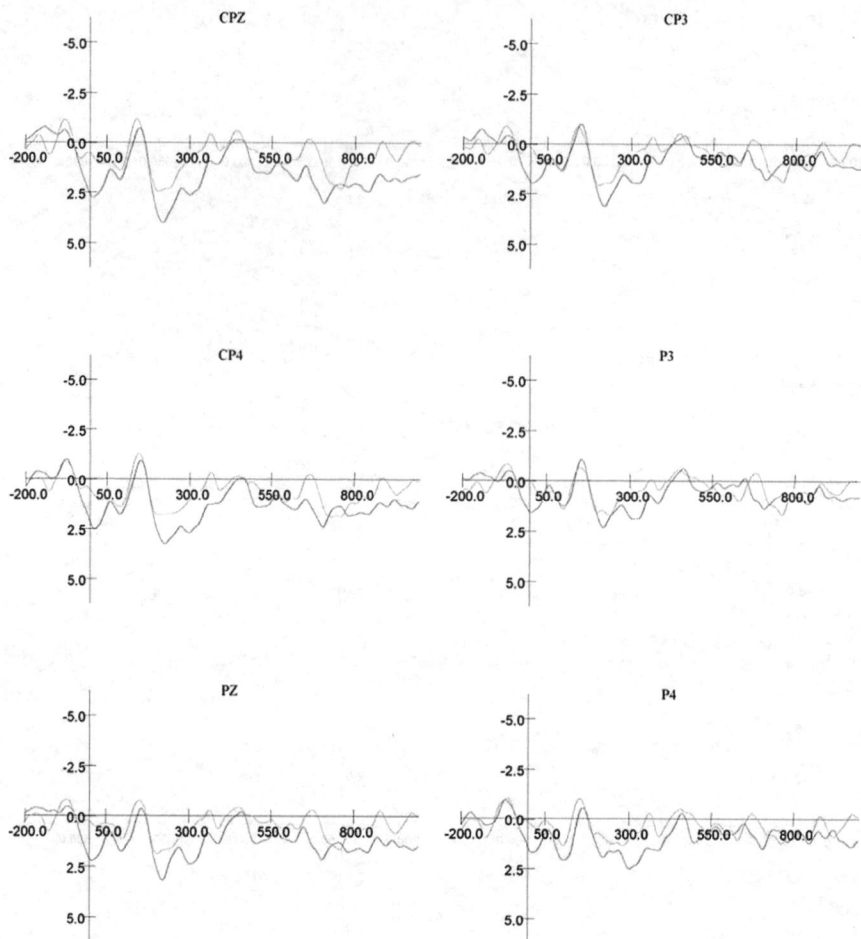

图6-2　实验第一阶段说话人A和B使用反语表达条件下总平均图（全体被试）

三、第一阶段750～800毫秒时窗

（1）全体被试分析。对所有被试750～800毫秒时窗内不同条件下ERP成分的平均幅值进行2（说话人：偏好字面表达、偏好反语表达）×2（表达方式：字面表达、反语表达）×9（兴趣区：ROI1-9）的三因素重复测量方差分析，兴趣区的主效应显著，$F_{(1, 25)}=2.104$，$p=0.04$；兴趣区与表达方式二因素的交互作用边缘显著，$F_{(1, 25)}=1.802$，$p=0.083$。

按兴趣区将实验数据分为9组，分别进行2（说话人：偏好字面评价、偏好反语评价）×2（表达方式：字面表达、反语表达）的二因素重复测量方差分析。对于兴趣区4［$F(1, 25)=4.074$，$p=0.062$］、兴趣区5［$F(1, 25)=5.482$，$p<0.04$］和兴趣区8［$F(1, 25)=5.951$，$p<0.03$］，说话人与表达方式的交互作用显著或边缘显著。

进一步的简单效应分析表明，对于兴趣区4［$t(25)=-2.574$，$p<0.03$］、兴趣区5［$t(25)=-1.818$，$p=0.089$］和兴趣区8［$t(25)=-1.960$，$p=0.069$］，说话人A使用反语表达时诱发的P600波幅显著大于其使用字面表达时，而说话人B使用两种表达方式时的P600波幅不存在显著性差异。

（2）高、低语用能力分组分析。对所有被试750～800毫秒时窗内不同条件下ERP成分的平均幅值进行2（说话人：偏好字面评价、偏好反语评价）×2（表达方式：字面表达、反语表达）×9（兴趣区：ROI1-9）×2（组别：高语用能力、低语用能力）的四因素重复测量方差分析，其中说话人、表达方式及兴趣区均为被试内因素，组别为被试间因素。分析结果表明，各因素的主效应及各因素间的交互作用均不显著。（图6-3）

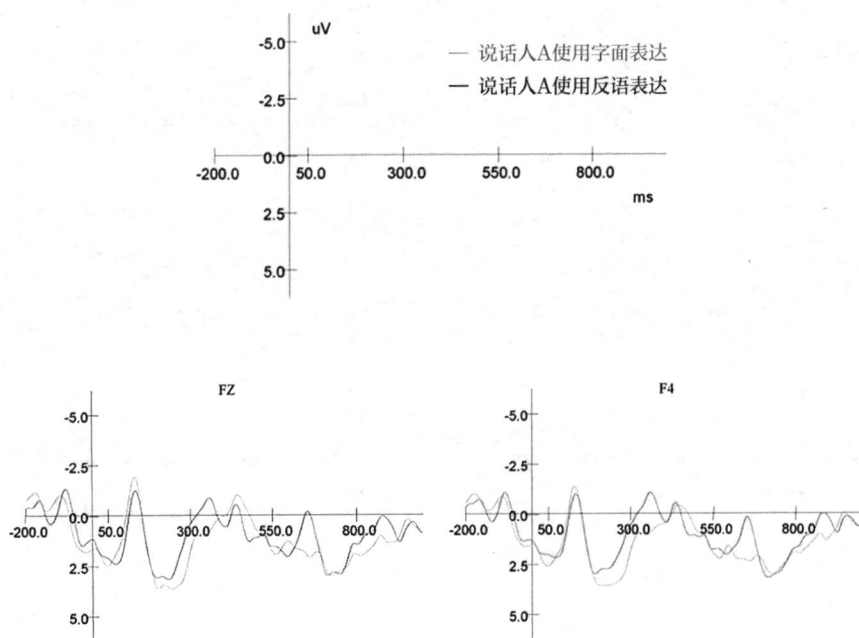

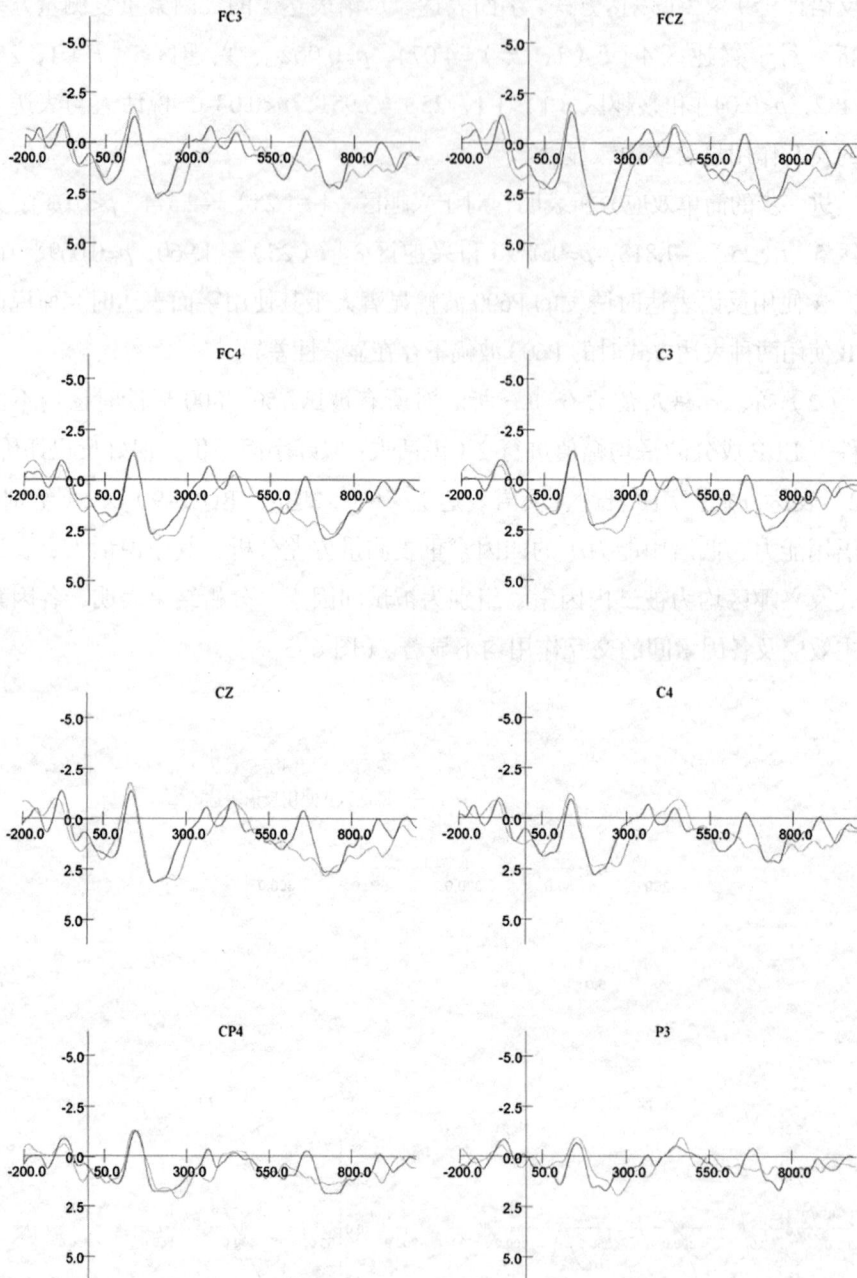

FC3

FCZ

FC4

C3

CZ

C4

CP4

P3

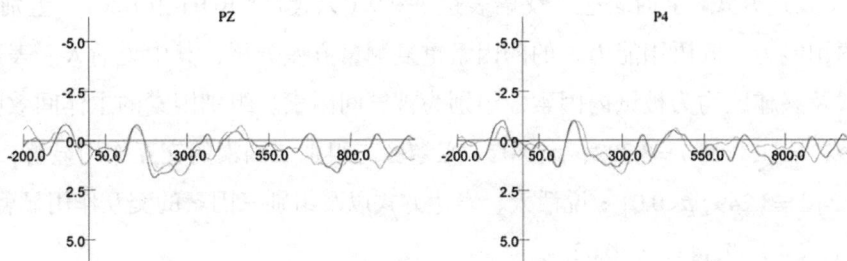

图 6-3　实验第一阶段说话人 A 使用不同表达方式条件下总平均图（全体被试）

四、第二阶段 200～300 毫秒时窗

（1）全体被试分析。对所有被试 200～300 毫秒时窗内不同条件下 ERP 成分的平均幅值进行 2（说话人：偏好字面评价、偏好反语评价）×2（表达方式：字面表达、反语表达）×9（兴趣区：ROI1-9）的三因素重复测量方差分析。说话人的主效应边缘显著，$F_{(1, 25)}$=4.413，p=0.053；兴趣区的主效应显著，$F_{(1, 25)}$=16.606，p<0.01；说话人与兴趣区的交互作用显著，$F_{(1, 25)}$=2.444，p<0.02；表达方式与兴趣区的交互作用显著，$F_{(1, 25)}$=2.718，p<0.01。

按兴趣区将实验数据分为 9 组，分别进行 2（说话人：倾向字面评价、倾向反语评价）×2（表达方式：字面表达、反语表达）的二因素重复测量方差分析。对于兴趣区 1 [$F_{(1, 25)}$=3.463，p=0.082]、兴趣区 2 [$F_{(1, 25)}$=13.147，p<0.01]、兴趣区 3 [$F_{(1, 25)}$=7.406，p<0.02]、兴趣区 5 [$F_{(1, 25)}$=3.779，p=0.071]和兴趣区 6 [$F_{(1, 25)}$=3.769，p=0.071]，说话人的主效应显著或边缘显著。

简单效应分析表明，对于兴趣区 1 [$t_{(25)}$=-2.672，p<0.02]、兴趣区 2 [$t_{(25)}$=-3.120，p<0.01]、兴趣区 3 [$t_{(25)}$=-2.407，p<0.03]、兴趣区 4 [$t_{(25)}$=-2.352，p<0.04]、兴趣区 5 [$t_{(25)}$=-2.790，p<0.02]、兴趣区 6 [$t_{(25)}$=-2.475，p<0.03]和兴趣区 8 [$t_{(25)}$=-2.375，p<0.04]，说话人 B 使用反语表达时诱发的 P200 波幅大于说话人 A 使用反语表达时。

（2）高、低语用能力分组分析。对所有被试 200～300 毫秒时窗内不同条件下 ERP 成分的平均幅值进行 2（说话人：偏好字面评价、偏好反语评价）

×2（表达方式：字面表达、反语表达）×9（兴趣区：ROI1–9）×2（组别：高语用能力、低语用能力）的四因素重复测量方差分析，其中说话人、表达方式及兴趣区均为被试内因素，组别为被试间因素。组别因素的主体间效应显著，F（1，24）=8.382，$p<0.02$；兴趣区与组别二因素的交互作用显著，F（1，24）=3.249，$p<0.01$；说话人、表达方式以及组别三因素的交互作用显著，F（1，24）=7.443，$p<0.02$。

按兴趣区将实验数据分为9组，分别进行2（说话人：偏好字面评价、偏好反语评价）×2（表达方式：字面表达、反语表达）×2（组别：高语用能力、低语用能力）的三因素方差分析。对于兴趣区1［F（1，24）=14.818，$p<0.01$］、兴趣区2［F（1，24）=13.923，$p<0.01$］、兴趣区3［F（1，24）=7.200，$p<0.02$］、兴趣区4［F（1，24）=13.824，$p<0.01$］、兴趣区5［F（1，24）=5.965，$p<0.03$］和兴趣区6［F（1，24）=4.797，$p<0.05$］，组别因素的主体间效应显著；对于兴趣区1［F（1，24）=7.664，$p<0.02$］、兴趣区2［F（1，24）=7.852，$p<0.02$］、兴趣区3［F（1，24）=5.766，$p<0.04$］、兴趣区4［F（1，24）=9.752，$p<0.01$］、兴趣区5［F（1，24）=7.205，$p<0.02$］、兴趣区7［F（1，24）=7.531，$p<0.02$］和兴趣区8［F（1，24）=4.221，$p=0.059$］，说话人、表达方式及组别三因素的交互作用显著或边缘显著。

进一步的简单效应分析表明，对于兴趣区1（MD=3.189，$p=0.055$）、兴趣区2（MD=2.940，$p=0.071$）、兴趣区4（MD=3.453，$p<0.02$）、兴趣区5（MD=3.252，$p<0.03$）和兴趣区7（MD=2.537，$p<0.04$），当说话人A使用字面表达时，高语用能力组被试的P200波幅大于低语用能力组被试；对于兴趣区1（MD=4.083，$p<0.02$）、兴趣区2（MD=5.283，$p<0.01$）、兴趣区3（MD=3.200，$p<0.02$）、兴趣区4（MD=4.200，$p<0.01$）、兴趣区5（MD=3.431，$p<0.04$）、兴趣区7（MD=2.833，$p<0.04$）和兴趣区8（MD=2.601，$p<0.04$），当说话人B使用反语表达时，高语用能力组被试的P200波幅显著大于低语用能力组被试。（图6–4）

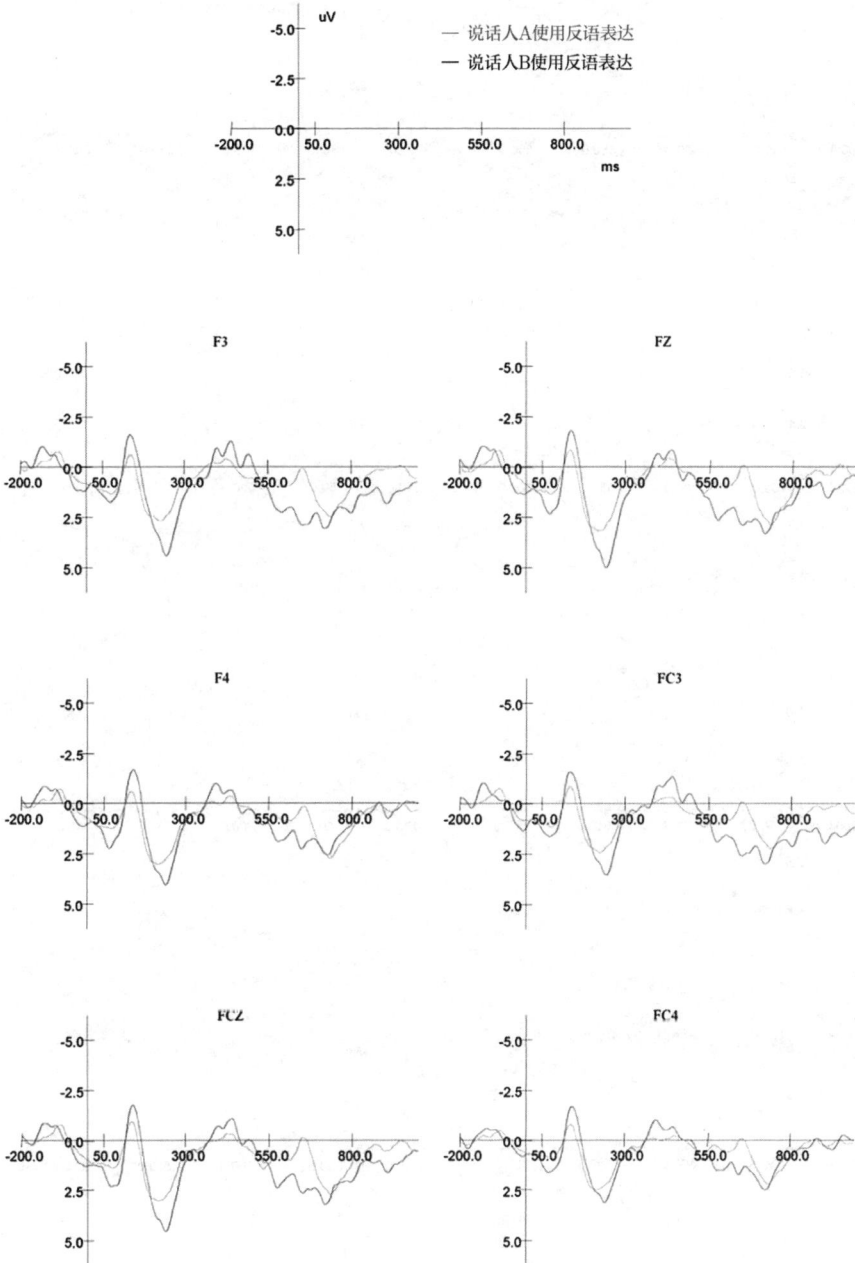

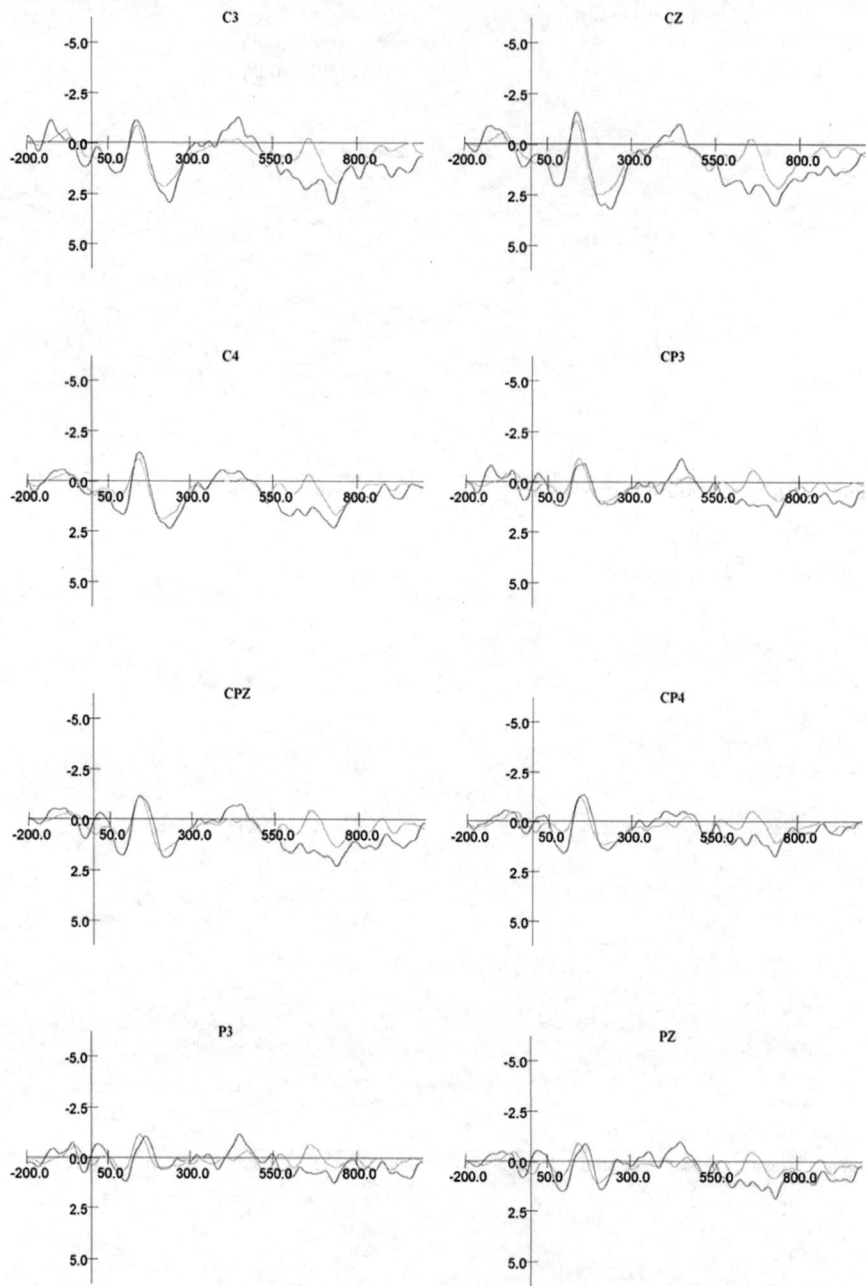

C3

CZ

C4

CP3

CPZ

CP4

P3

PZ

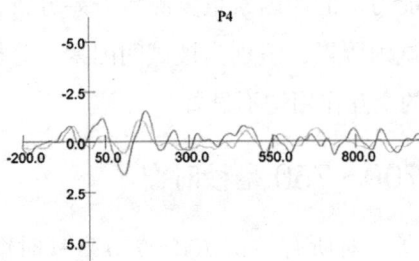

图6-4　实验第二阶段说话人A和B使用反语表达条件下总平均图（全体被试）

五、第二阶段300～400毫秒时窗

（1）全体被试分析。对所有被试300～400毫秒时窗内不同条件下ERP成分的平均幅值进行2（说话人：偏好字面表达、偏好反语表达）×2（表达方式：字面表达、反语表达）×9（兴趣区：ROI1-9）三因素重复测量的方差分析。兴趣区的主效应显著，$F（1，25）=8.719$，$p<0.01$；说话人与表达方式二因素的交互作用边缘显著，$F（1，25）=3.143$，$p=0.097$；表达方式与兴趣区二因素的交互作用显著，$F（1，25）=7.670$，$p<0.01$。

按兴趣区将实验数据分为9组，分别进行2（说话人：倾向字面评价、倾向反语评价）×2（表达方式：字面表达、反语表达）的二因素重复测量方差分析。对于兴趣区1［$F(1，25)=5.342$，$p<0.04$］和兴趣区4［$F(1，25)=3.624$，$p=0.076$］，说话人与表达方式的交互作用显著或边缘显著；对于兴趣区7［$F(1,25)=4.557,p=0.050$］、兴趣区8［$F(1,25)=7.665,p<0.02$］和兴趣区9［$F(1,25)=3.807$，$p=0.070$］，表达方式的主效应显著或边缘显著。

进一步的简单效应分析表明，对于兴趣区7［$t（25）=2.823$，$p<0.02$］、兴趣区8［$t（25）=3.569$，$p<0.01$］和兴趣区9［$t（25）=2.280$，$p<0.04$］，说话人A使用反语表达时诱发的N400波幅显著大于其使用字面表达时，说话人B使用两种表达方式时的N400波幅并不存在显著差异。说话人A和B使用反语表达时的N400波幅不存在显著差异。

（2）高、低语用能力分组分析。对所有被试300～400毫秒时窗内不同条件下ERP成分的平均幅值进行2（说话人：偏好字面评价、偏好反语评价）×2（表达方式：字面表达、反语表达）×9（兴趣区：ROI1-9）×2（组别：

高语用能力、低语用能力）的四因素重复测量方差分析，其中说话人、表达方式及兴趣区均为被试内因素，组别为被试间因素。分析结果表明，各因素的主效应及各因素间的交互作用均不显著。

六、第二阶段 700～750 毫秒时窗

（1）全体被试分析。对所有被试 700～750 毫秒时窗内不同条件下 ERP 成分的平均幅值进行 2（说话人：偏好字面表达、偏好反语表达）×2（表达方式：字面表达、反语表达）×9（兴趣区：ROI1–9）三因素重复测量的方差分析。兴趣区的主效应显著，$F(1, 25)=5.387$，$p<0.01$；表达方式与兴趣区二因素的交互作用显著，$F(1, 25)=3.836$，$p<0.01$。

按兴趣区将实验数据分为 9 组，分别进行 2（说话人：偏好字面表达、偏好反语表达）×2（表达方式：字面表达、反语表达）的二因素重复测量方差分析。对于兴趣区 4（$F(1, 25)=4.037$，$p=0.063$）、兴趣区 7（$F(1, 25)=5.694$，$p<0.04$）、兴趣区 8（$F(1, 25)=6.374$，$p<0.03$）和兴趣区 9（$F(1, 25)=3.861$，$p=0.068$），说话人与表达方式的交互作用显著或边缘显著。

进一步的简单效应分析表明，对于兴趣区 4 [$t(25)=-3.166$，$p<0.01$]、兴趣区 5 [$t(25)=-2.291$，$p<0.04$]、兴趣区 6 [$t(25)=-2.144$，$p<0.05$]、兴趣区 7 [$t(25)=-2.082$，$p=0.055$] 和兴趣区 9 [$t(25)=-2.091$，$p=0.054$]，说话人 B 使用反语表达时诱发的 P600 波幅显著大于其使用字面表达时，而说话人 A 使用两种表达方式时的 P600 波幅并不存在显著差异（$p>0.05$）。

（2）高、低语用能力分组分析。对所有被试 700～750 毫秒时窗内不同条件下 ERP 成分的平均幅值进行 2（说话人：偏好字面评价、偏好反语评价）×2（表达方式：字面表达、反语表达）×9（兴趣区：ROI1–9）×2（组别：高语用能力、低语用能力）的四因素重复测量方差分析，其中说话人、表达方式及兴趣区均为被试内因素，组别为被试间因素。分析结果表明，各因素的主效应及各因素间的交互作用均不显著。（图6-5）

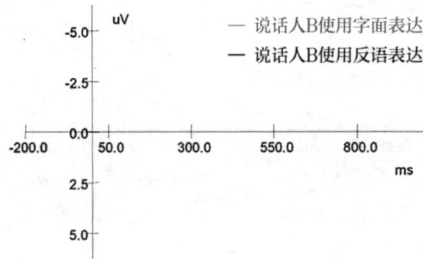

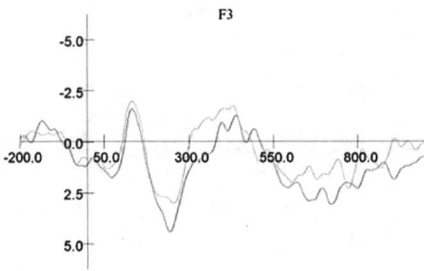

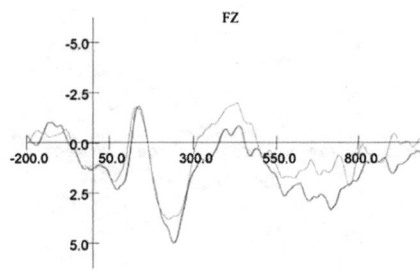

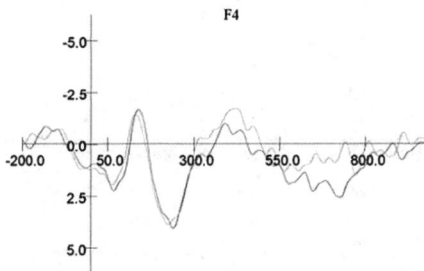

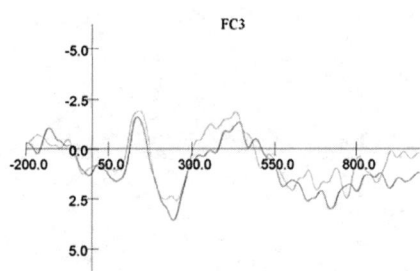

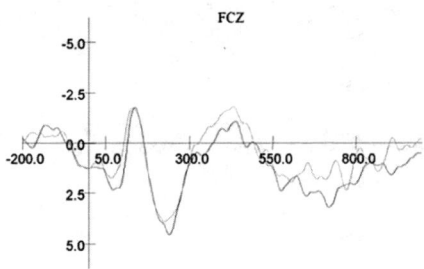

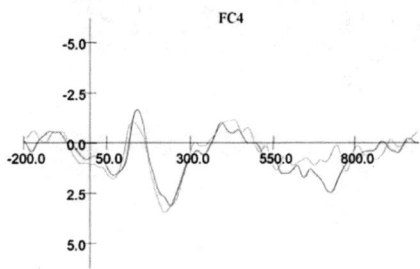

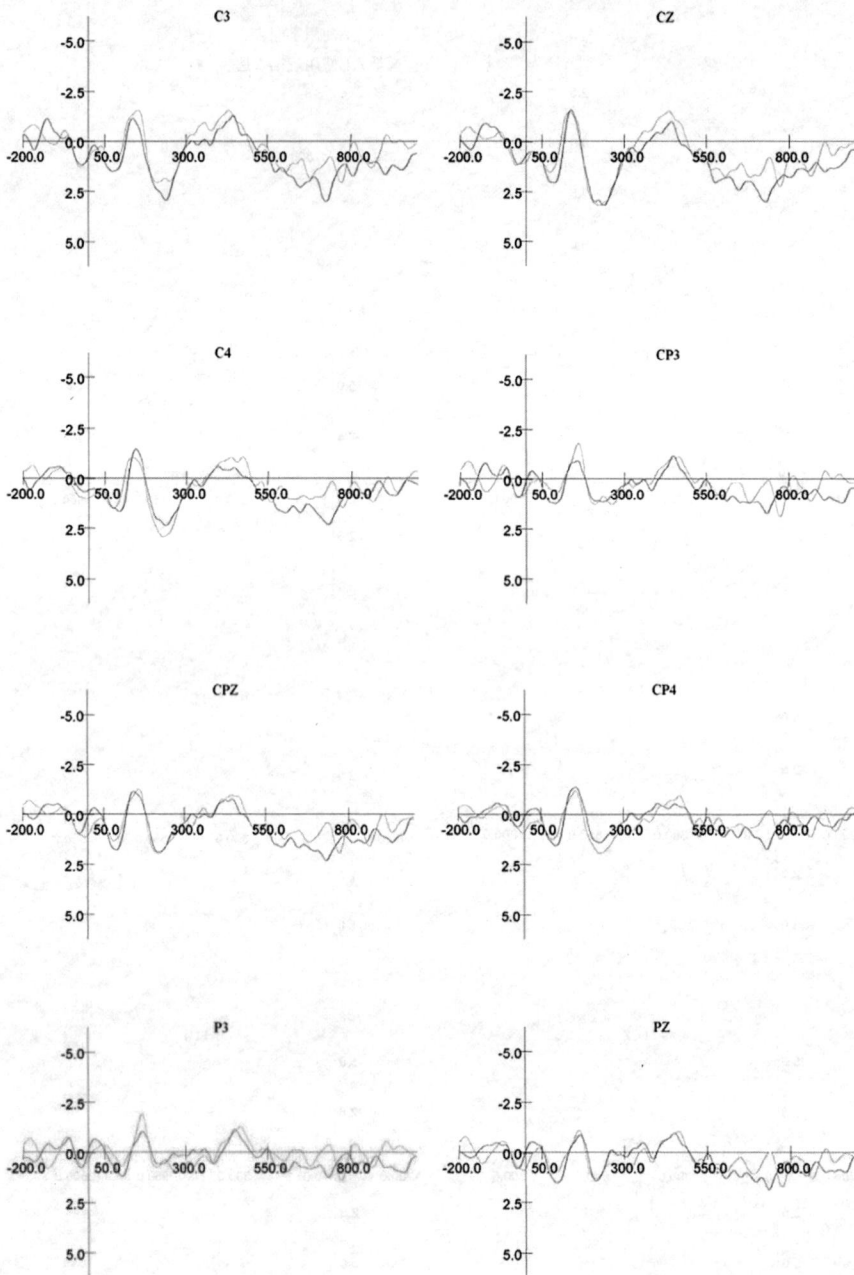

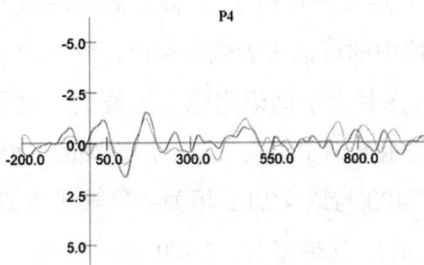

图 6-5　第二阶段说话人 B 使用不同表达方式条件下总平均图（全体被试）

第四节　分析与讨论

一、交际过程中非语言信息的获得

从本质上说，实验的第一阶段作为学习阶段，主要目的是考察受话人（被试）在交际过程是否能够在没有明确提示或任务要求的情况下，在语篇阅读过程中获得隐含的、与说话人交际风格相关的非语言信息（语用知识）。实验通过控制两个说话人使用字面评价和反语评价的频率，塑造两个说话人不同的交际风格（偏好字面评价 vs 偏好反语评价）：说话人 A 的评价话语中，字面评价占其全部话语的 80%，反语评价占 20%；说话人 B 的评价话语中，字面评价占 20%，反语评价占 80%。

前人研究表明，P200 成分可能与早期知觉加工有关，如注意选择和特征察觉。例如，当要求被试判断目标刺激与先前呈现的刺激是否一致时，类别空间关系和数量空间关系的加工所诱发的 P200 成分存在显著差异。日前，P200 在语言加工中的作用尚不十分明确，可能与词汇信息加工相关，对早期的词汇识别起一定作用。

本实验针对第一阶段 200～300 毫秒时窗的数据分析表明，说话人与表达方式的交互作用显著，偏好反语评价的说话人 B 使用反语表达时诱发的 P200 波幅大于说话人 A 使用反语表达（主要分布于兴趣区 2、3、5、6、8 和 9）。此结果说明，被试能够在没有任何明确提示或任务要求的情况下，在语篇阅读过程中快速地感知两个说话人在交际风格上的特征和差异（说话人 B

比说话人 A 更加偏好使用反语评价）。对高、低语用能力组被试进行分组分析的结果表明，当语篇中的说话人为偏好反语评价的说话人 B 时，高语用能力组被试的 P200 波幅显著大于低语用能力组被试（主要分布于兴趣区 6 和 9），从高、低语用能力组被试中未发现与反语相关的 P200 成分差异。

已有研究证明，N400 与语义加工相关，反映了大脑对语义信息加工整合的困难程度，语义信息越难整合，N400 波幅越大。哈古尔特（Hagoort）等人在其实验中让被试听句子 "The Dutch trains are yellow/white/sourand very crowded"，其中 "yellow" 与现实情况相符。实验发现，常识违反诱发了与语义违反相类似的 N400，说明即使句子的语义信息正确，但是不符合常识（与客观世界的一般知识或常识相违反）一样会造成语义加工上的异常。换言之，常识对句子语义理解起制约作用。万·比库姆（van Berkum）等人在其实验中让被试听一系列句子，结果发现，当句中的关键词与受话人基于说话人声音推断获得的隐含信息（有关性别、年龄和社会地位等）不一致时（例如：具有男性嗓音的说话人说 "如果我长得像小甜甜布兰妮……"）会产生了较大波幅的 N400。虽然其波幅比通常情况下语义违反诱发的要小，但仍表明对句子语义理解起制约作用的常识还包括了与说话人相关的经验性的知识。

本实验第一阶段 300～400 毫秒时窗的分析结果表明，说话人 A 使用反语表达时诱发的 N400 波幅显著大于说话人 B 使用反语表达时（主要分布于兴趣区 3、5、6、8 和 9）。从交际风格上说，说话人 A 偏好字面评价（字面表达 80% vs 反语表达 20%）而说话人 B 偏好反语评价（字面表达 20% vs 反语表达 80%）。在本实验中，当评价话语和说话人的交际风格不一致（说话人 A 使用反语表达），N400 的波幅显著大于二者相一致时（说话人 B 使用反语表达），表明说话人的交际风格与其评价话语不一致会增加语义整合阶段的加工难度，导致出现波幅较大的 N400。本实验支持前人的研究结果，而且证明这种制约作用不仅存在于口语刺激的听觉加工中，同样也存在于视觉呈现的书面语言理解中。针对不同语用能力组被试的分组分析表明，当语篇中的说话人为偏好字面评价的说话人 A 时，高语用能力组被试的 N400 波幅显著大于低语用能力组被试（主要分布于兴趣区 6 和 9），两组被试不存在与反语相关的 N400 成分差异。

P600 一般被认为是与语法加工相关的 ERP 成分，主要反映了大脑对语法的分析、修补及晚期的整合过程。但在 P600 波幅与加工难度的关系上还有不同的观点：一般认为，心理资源投入量越大，加工越难，P600 波幅越大，但是也有研究得出 P600 波幅与心理资源投入量成反比的结论。本实验第一阶段 750～800 毫秒时窗的分析结果表明，说话人 A 使用反语表达时，诱发的 P600 波幅显著大于其使用字面表达时（主要分布于兴趣区 4 和 5），而说话人 B 使用字面和反语两种表达方式时的 P600 波幅并不存在显著差异。针对不同语用能力组被试的分组分析表明，各因素的主效应及交互作用均不显著。

研究表明，刺激出现的概率大小（probability）会影响 P600 波幅——相较于出现概率较大的刺激，出现概率较小的刺激会诱发更大波幅的晚期正成分 P600。在本实验第一阶段中，说话人 A 的话语中，80% 为字面评价，20% 为反语评价。换言之，相对于说话人 B 使用反语表达，说话人 A 使用反语表达的概率较小，因此，诱发受话人较大波幅的 P600。虽然说话人 B 的话语中，20% 为字面评价，80% 为反语评价，即说话人 B 使用字面表达的概率也较小，但从实验结果上看并未诱发较大波幅 P600，原因在于虽然说话人 B 使用反语表达的概率较大，但并不意味着受话人会认为说话人 B 在所有情况下都会使用反语表达，毕竟在人类日常交际活动中，字面表达是默认的常态的表达方式。

二、非语言信息对反语认知加工的影响

预期他人行为是人类知觉的基础，一旦形成印象，在认知和情感过程中利用预期便是可行而且有效的。预期也影响着人类对行为的认知过程及情感反应。为了考察说话人的交际风格及受话人的语用能力如何影响反语认知加工，本实验的第二阶段中，研究者调整说话人 A 和 B 使用字面评价和反语评价的频率，使其概率水平均为 50%，两个说话人都不具有特殊的交际风格。换言之，此阶段中，说话人对不同表达方式的实际运用与受话人在实验第一阶段中获得的非语言信息（两个说话人对字面表达和反语表达具有不同的使用偏好）并不一致。

费德梅尔（Federmeier）等人借助 ERP 手段考察预期度（expectancy）和句子限制（sentential constraint）对词汇加工的影响。他们采用分视野（divided visual field）呈现刺激的方法，将预期度高低不同的句尾关键词分别嵌入限制程度存在强弱差异的句子框架中（语义上均是合理的），例如：强限制句 "He bought her a pearl necklace for her birthday（高预期度）/ collection（低预期度）"和弱限制句 "He looked worried because he might have broken his arm（高预期度）/ collection（低预期度）"。研究发现，当右侧视野呈现刺激材料（左脑加工）时，强限制句子框架中高预期度的句末关键词诱发的 P200 波幅大于弱限制句子框架中低预期度的句末关键词诱发的 P200 波幅。实验第二阶段 200～300 毫秒时窗的分析结果表明，偏好反语评价的说话人 B 使用反语表达时的 P200 波幅显著大于偏好字面评价的说话人 A 使用反语表达时（主要分布于兴趣区 1、2、3、4、5、6 和 8）。换言之，当说话人交际风格上的偏好与其实际运用的表达方式一致时，诱发产生了较大波幅的 P200。由于此阶段中，两个说话人实际使用反语表达的频率并没有差异，因而说明实验第一阶段中被试（受话人）获得的非语言信息，即说话人的交际风格，作为可靠的理解线索，对第二阶段中反语认知的早期加工（刺激呈现后的 200～300 毫秒潜伏期）产生影响。

针对不同语用能力组被试的分组分析表明，两组被试出现了反语相关的 P200 差异：当说话人 A 使用字面表达及说话人 B 使用反语表达时，高语用能力组被试的 P200 波幅显著大于低语用能力组被试。这说明高语用能力组被试通过第一阶段实验材料的阅读，对两位说话人交际风格上的差异更加敏感，对说话人 A 使用字面表达和说话人 B 使用反语表达形成了更高的预期，因此诱发更大波幅的 P200 成分，进而说明实验第一阶段中获得的非语言信息更加显著地影响了第二阶段中反语的早期识别加工。

实验第二阶段 300～400 毫秒时窗的分析结果表明，偏好字面评价的说话人 A 使用反语表达时诱发的 N400 波幅大于其使用字面表达时（主要分布于兴趣区 7、8 和 9），而说话人 B 使用两种表达方式时的 N400 波幅不存在显著差异。针对不同语用能力组被试的分组分析表明，语用能力高低并不影响此阶段反语认知加工。

沃特科（Wlotko）与费德梅尔（Federmeier）的研究发现，在强限制句子框架中，高预期度的句尾关键词诱发的 N400 波幅小于低预期度句尾关键词（两类句尾关键词在语义上都是合理的）。本实验结果与前人的发现相一致，第一阶段中两位说话人使用反语频率的差异影响了受话人对第二阶段中说话人使用反语表达的预期（被试对说话人 B 使用反语的预期更高，而对说话人 A 并未形成相同的预期），进而说明被试先前获得的非语言信息影响了反语认知的语义加工阶段。

学者库尔森采用 ERP 技术考察其他形式比喻性语言的认知加工，比如隐喻和笑话等均发现了 P600 这一晚期正成分，认为 P600 反映受话人为了对句子做出恰当解释而进行非语言信息的整合加工。拉特纳（Lattner）和弗里德里西（Friederici）考察与说话人相关的模糊信息对句子理解的影响。实验以男性或者女性嗓音，采用听觉呈现包含男性刻板印象词或女性刻板印象词的句子。实验结果表面，当说话人的实际性别（通过呈现听觉刺激）与话语隐含的性别信息不一致时（男性嗓音的说话人说"我喜欢涂口红"），并不会导致 N400 上的差异，而是诱发较大波幅的 P600。由于在早期不存在任何 ERP 效应，所以表明语义信息的通达与说话人的声音无关；而在稍后的加工阶段，P600 反映了受话人将说话人的特征（男性）、句子的意义内容（说话人喜欢涂口红）和受话人自身固有的先验知识（一般来说男性不涂口红而女性才涂口红）进行再次整合。

实验第二阶段 700～750 毫秒时窗的分析结果表明，偏好反语评价的说话人 B 使用反语表达时诱发的 P600 显著波幅大于其使用字面表达时（主要分布于兴趣区 4、5 和 6），而偏好字面评价的说话人 A 使用不同表达方式时的 P600 波幅并无显著差异。针对不同语用能力组被试的分组分析表明，语用能力高低并不影响受话人对反语认知加工的晚期阶段。

在本实验的第一阶段中，说话人 A 并不具有特殊的交际风格（字面表达为日常人类交际中默认的一般表达方式），而在实验的第二阶段中，说话人 A 的交际风格并无实质性的变化（字面表达和反语表达各占 50%），因此，说话人 A 使用不同表达方式时的 P600 波幅并无显著差异。由于被试在第一阶段中形成了说话人 B 具有特殊交际风格（偏好说反语）的印象，当第二阶段中说话人 B 在表达方式上不再具有特殊偏好时，即与第一阶段中的印象不相符，导致说话人 B 使用两种表达方式时 P600 的波幅出现显著差异。

综合来看，两个阶段的实验结果证明，反语的复杂性在于它的含义不仅仅与字面表达相反，而且包含了说话人的态度和目的等丰富的语用内涵，受话人需要对多种信息（语言和非语言）进行整合加工，才能够对话语做出正确的、全面的理解。以说话人交际风格为代表的非语言信息和以受话人语用能力为代表的认知个体差异是共同构成非语言语境中重要内容，但是二者在反语认知加工过程中的地位和作用是不同的（图 6-6）。具体地说，受话人语用能力的高低制约其对说话人交际风格的感知及识别，进而影响话语认知加工的非语言语境的形成及作用，最终导致反语认知加工过程中产生差异。

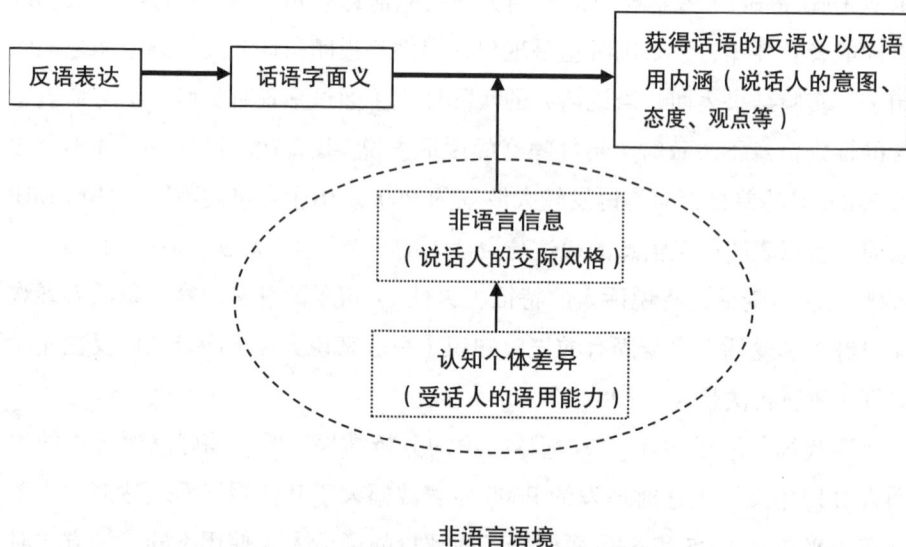

非语言语境

图 6-6　非语言语境影响反语认知加工的一般模型

三、反语认知加工的相关脑区

人类生活中，非字面语言的使用处处皆是，非字面语言以一种惯例性的思考方式影响着人们的生活。人类对非字面语言的理解是一个不断递进的过程，对非字面语言的理解程度映射人类卷入社会生活的程度。因此，对非字面语言加工脑机制的探讨就显得尤为重要。

从实验设计的目的来说，实验的第一阶段作为学习阶段，主要是为了考察受话人（被试）在交际过程是否能够在没有明确提示或任务要求的情况下，在语篇阅读过程中获得隐含的、与说话人交际风格相关的非语言信息（语用知识）；而本实验的第二阶段作为考察的重点，则旨在探究受话人在第一阶段获得的非语言信息（说话人的交际风格）与受话人自身的语用能力如何影响反语认知加工，以及二者之间的内在联系。

在实验分析过程中，涉及的相关脑电成分主要包括 P200、N400 及 P600。P200 这一正电位，最初在枕区被记录。一些研究名动分离的 ERP 实验则发现，P200 成分主要集中在额区，考察语法语境下汉语名动分离的实验则记录到分布范围更广一些的 P200 成分；N400 主要分布于位置稍靠后的脑区；P600 的头皮分布主要集中在中央顶区。

从结果上看，本实验的第一阶段中，P200 与 N400 的分布范围较广，且主要位于右半球；P600 的波幅差异则主要反映在中央顶叶稍微靠近左半球的脑区。而在实验的第二阶段中，反语相关的 P200 成分主要位于双侧的额区及中央顶区，高低语用能力组被试的差异主要体现在左半球；N400 上的波幅差异体现在左、右两侧位置稍靠后的枕区；P600 差异则主要反映在中央顶区，左、右半球均有涉及。基本上，本实验结果与前人的研究发现相吻合。针对非字面语言加工的脑机制的探讨由来已久。早期观点认为，非字面语言加工主要依赖右脑，随着研究的不断深入，右脑假说受到越来越多的挑战和质疑。许多研究成果表明，左脑也参与非字面语言加工，而且左、右脑协同工作发挥各自不同的作用。此外，前额皮层前部主要用来解决多个认知操作结合问题，即当一个操作不能解决问题，需要结合其他操作来完成更高级别行为目标时，这个区域被激活。功能磁共振成像研究证实，即采用的实验范式不同，前额皮层都参与了非字面语言的加工。

当前非字面语言加工的脑机制研究的主要问题在于：一方面，对于前额皮层究竟发挥怎样的作用，以及左、右半球如何协同工作，还有待进一步研究和证实；另一方面，由于研究所选择材料（隐喻、惯用语或反语）、采用的测试手段及要求被试完成的任务等多方面的不同，造成了当前非字面表达认知神经机制研究中激活脑区存在多样化的趋势，使得研究陷入持续争论。

反语作为非字面语言的形式之一，其特殊之处在于受话人为了完全理解话语的含义需要对说话人的观点、态度及意图进行推理。博恩（Bohrn）等人对英语隐喻、习语及反语的神经成像研究进行元分析。研究发现，相较于隐喻和习语，反语认知加工激活内侧前额叶的程度更强。前扣带回皮层及右前颞上回的激活则表明，反语比其他形式的非字面语言更加依赖心理理论能力（theory of mind）和心理化功能（mentalizing functions）。伊维塔（Eviatar）和贾斯特（Just）以年轻健康学生为被试的研究表明，隐喻和反语加工激活的脑区不同。他们给被试阅读较短的故事，隐喻句、反语句或字面句分别出现在故事的结尾。相对其他两类材料，对隐喻的加工引发左侧额下回和双侧颞回较大范围的激活，而反语则引发右侧颞上回中部较大范围的激活。内山（Uchiyama）等人则发现，反讽加工激活左侧颞极、颞上沟、内侧前额叶及额下回。研究结果的多样性也充分佐证了非字面语言认知加工的复杂性。

第五节　本章小结

本研究从说话人（交际风格）和受话人（语用能力）两个角度切入，考察非语言语境因素协同影响反语认知加工的动态过程。具体地说，借助 ERP 技术考察说话人的交际风格是否及如何对反语认知加工产生影响，受话人的语用能力是否及如何影响其对说话人交际风格的感知，进而作用于反语认知加工。

实验结果表明，受话人能够在交际过程中快速获得与说话人交际风格相关的语用知识。这些非语言信息作为非语言语境的要素之一，主要对反语认知加工的早期识别与后期整合产生影响。高语用能力组被试对不同说话人交际风格上的差异更为敏感，并且会对符合说话人交际风格的表达方式形成更高的预期，从而影响反语认知加工的早期阶段。换言之，认知个体差异（受话人的语用能力）通过影响受话人对非语言信息（说话人的交际风格）的感知和识别，制约非语言语境的形成和作用，进而影响反语理解，尤其是相关语用含义及语境效果的获得。

第七章

语境影响反语认知加工的作用机制

第一节　影响反语认知的关联因素

众多学者采用不同手段，通过实证研究考察了影响反语认知加工的多种因素，大致可归纳为语言因素、语境因素及认知个体因素三大类。

一、语言因素

（1）反语类型。从反语本身来说，依据不同的标准可以将其分为不同的类型，不同类型反语在认知加工难度上存在差异。

恭维性反语 vs 批评性反语。根据话语的性质及语用功能，反语可以分为反语恭维（ironic compliment）和反语批评（ironic criticism）两类。反语批评是指以积极话语表达消极意义。例如，爸爸生病躺在床上，芳芳用给爸爸买药的钱买了一个自己喜欢的玩具娃娃。爸爸对她说："你真是个好孩子。"反语恭维则是以消极话语表达积极意义。例如，爸爸生病躺在床上，芳芳拿自己的零用钱去药店给爸爸买来了药。吃完药后，爸爸的病很快好起来了。爸爸对她说："你怎么乱花钱。"研究发现，反语恭维的认知难度大于反语批评。因为一般来说，在日常口语交际中，反语批评比反语恭维更常见。汉考克（Hancock）等人比较儿童对反语恭维和反语批评的理解。他们让被试（5~6岁正常儿童）观看录像，录像中说话人在简短的语境场景后做出字面批评、反语批评或者反语表扬。要求被试回答有关一阶信念（first-order belief）及说话人意图的问题。实验发现，被试能够正确回答所有与字面评价相关的问题，但对于反语评价，则受其在上文语境中形成的预期的影响。当故事语境设立积极的预期，被试对反语批评的理解优于对反语表扬；当语境提供消极预期，被试对反语批评和反语表扬的理解情况没有显著差异，不过对字面评价的理解还是最好的。此结果与成年人被试的结果相似。

直接反语 vs 间接反语。从本质上说，所有反语都是一种评价，因此，根据反语所包含的评价类型，还可以将反语分为直接反语和间接反语两类。直接反语又称简单反语（simple irony），是指话语包含明显的评价词且其字面义与说话人的真实含义直接相反，受话人在理解过程中对话语做反向理解即可。例如：A 从厨房中端出两盘烧焦的菜，B 评价道："你可真是个好厨师。"但实际上，B 的真正含义是 "A 真是个糟糕的厨师"。间接反语也称复杂反语（complex irony），是指话语不包含明显的评价词且其字面义与说话人的真实含义间接相反，受话人需要在字面义的基础上进行推理。例如：A 从厨房中端出两盘烧焦的菜，B 评价道："国宴没请你去当厨师真是可惜了。"以 6~9 岁儿童为被试的研究发现，直接反语比间接反语容易理解，而此结论同样适用于成年人。

（2）语调。除了反语类型，说话人的语调也对反语认知具有显著影响。伍德兰（Woodland）和沃耶（Voyer）关注语调（真诚语调和讽刺语调）和上下文语境（字面义偏向语境和反语偏向语境）对成年人理解反语批评的影响。当语调和上下文语境不一致时，反语的认知难度更大，被试需要的反应时间更长。

二、语境因素

（1）上下文语境。上下文语境对反语故事中的事实探测和意图推论起促进作用。在反语理解过程中，反语字面义与反语所指向的语境之间必然存在差异，差异的大小可直接预示反语的语用功能。当两者差异很大时，会产生与共变信息相反方向的偏差。而且两者的差异越大，对比效应越强烈，反语越易于被知觉。话语的字面义与上下文语境之间对比程度会影响反语的加工速度。此外，当话语字面义与语境之间的对比强烈时，反语表达比字面表达更具谴责性和嘲弄性，而在两者对比不明显的情况下，反语表达比字面表达的谴责程度更低、更有礼貌。

（2）说话人的性别。心理学及语言学的一系列研究结果表明，男性和女性使用非字面语言的模式存在一定差异，女性更倾向于在理解话语时解读其中所包含或传达的间接含义，而男性对于某些非字面语言的使用频率明显高于女性说话人。通过分析大学生非正式情境下的对话，发现男性说话人使用反语的频率大约是女性说话人的两倍。男性受访者自我报告（self-report）的反语使用频率同样也显著高于女性受访者。男性相对更经常使用反语，并非因为反语具有丰富的语用内涵从而能够更好地达到交际目的（表示幽默、批评或者讽刺等态度），而是由于女性更倾向于减少使用反语表达，以降低出现误解的风险。

（3）说话人的职业。受话人对说话人职业的普遍观念和看法，会影响对说话人话语的理解。从事某些职业的人（例如律师、警察及工人）通常被认为更加经常使用反语，受话人对其反语的讽刺性和嘲笑性评定等级也较高。这些差异并不仅仅因为受话人感知到说话人职业的反语偏好与其实际反语使用之间的不一致，还由于受话人能够推理总结出关于说话人的不同特点，在某些情况下促使自身产生对反语表达的预期。研究表明，职业的幽默性、挑剔性、真诚性、亲和力、攻击性、受教育水平及社会地位七个因素影响人们对不同职业从业人员反语使用可能性的知觉。根据这七个方面的标准，可以将职业划分为反语型职业和非反语型职业。职业的幽默性、挑剔性、真诚性和受教育水平与反语话语的讽刺程度相关，反语型职业被认为更幽默、更挑剔、真诚性更低、受教育水平也更低。当实际情境与话语字面义之间的一致性程度不明显时，反语说话人的职业有助于反语感知；而当两者之间非常一致或非常不一致时，反语说话人的职业则对反语意图的理解没有显著影响。

（4）说话人的交际风格。雷格尔等人采用 ERP 技术考察说话人的交际风格对受话人理解反语的影响。实验分两个阶段（间隔 24 小时）进行：在第一阶段的实验材料中，两个人物使用反语的频率分别为 30% 和 70%，使被试了解两个人物具有不同的交际风格（A 喜欢说反语和 B 不喜欢说反语）；在第二阶段的实验材料中，两个人物使用反语的频率均为 50%。实验发现，在第一阶段中，A 使用反语表达和字面表达时诱发的 P600 波幅没有显著差异，而 B 使用反语表达时诱发的 P600 波幅较大；在第二阶段中，仅当 A 使用反语时诱发 P600，且当说话人（A 与 B）的交际风格与其使用的表达方式不一致时诱发较大波幅的 P200。实验结果表明，与说话人相关的语用知识会显著影响反语的认知难度。

（5）说话人的人格特质。佩克斯曼（Pexman）等人的研究发现，5～6岁儿童能够很好地区分"好/坏"这两个维度的人格特质，并能够将人格特质与其他信息整合起来用于推测反语使用者的信念及意图。当说话人的人格特质与话语意义相符时，儿童对反语的理解更快也更准确。在提供人格特质线索（好/坏、面目慈祥/面目凶恶、谦虚/骄傲、温顺/顽皮）的条件下，各年龄段儿童对反语意义的理解、反应时及功能知觉都有明显改善。具体表现为，当消极人格特质线索与反语情境一致时，反语理解更加准确；当积极人格特质与反语情境不一致时，反语理解的准确率明显降低。因此，儿童在消极人格特质（坏、骄傲、顽皮）条件下，对反语批评的判断要优于积极人格特质（好、谦虚、温顺）。

（6）交际双方的亲密程度。研究表明，是否使用反语与交际双方之间的关系亲疏有关，交际双方之间的亲密关系有助于反语认知。交际双方之间的关系越亲密，理解反语所需要的时间越短，对反语批评和反语恭维的反语等级标定也越高。交际双方之间的休戚相关关系（亲密、喜欢及相互帮助）对不同类型反语理解有影响。交际双方之间越休戚相关，被试对反语幽默程度和嘲弄程度的等级评定越高；双方的关系对理解反语恭维的影响较大，对反语批评的影响较小。

三、认知个体因素

除了语言因素和语境因素，众多研究者还将认知个体因素（受话人的个体差异）作为影响反语认知加工另一类重要因素进行了考察和讨论。

（1）受话人的年龄。许多研究从发展的角度考察不同年龄段的儿童理解口头反语的能力。克莱米（Climie）与佩克斯曼（Pexman）通过眼动证据考察反语的认知机制。实验以布偶剧的形式呈现虚拟角色间的对话，其中一个角色在剧末做出字面评价（包含字面批评和字面恭维）或反语评价（包含反语批评和反语表扬）。事先告知三组被试（5～6岁儿童、7～8岁儿童及成年人）鲨鱼布偶代表的虚拟角色十分严肃、刻薄、不友好，鸭子布偶代表的虚拟角色风趣、亲切、友好，对其他的布偶则不做具体描述。实验要求被试判断说话人的意图（"Was the speaker trying to be mean or to be nice?"），用摄像机记录整个实验过程，尤其是被试完成任务时眼睛的注视行为（玩具小鸭和玩具鲨鱼分别位于被试左右两边）。实验发现，儿童被试理解反语批评需要的反应时显著长于其理解字面表扬和字面批评所需要的时间，7～8岁组儿童在各个实验条件下的反应时均短于5～6岁组儿童。佩克斯曼等人以7岁和9岁的儿童为被试，考察儿童对人际关系的感知如何影响他们对反语表达的理解。实验同样采用了布偶剧的形式，剧中的两个角色互为朋友、敌人或者陌生人关系。在两个角色的互动过程中，一个角色对另一个角色成功或失败的举动做出字面评价或反语评价。要求被试对说话布偶的意图进行解释，并且对话语的幽默或嘲弄程度进行主观评定，以及评价他们对不同布偶角色的认同程度（"which of these puppets acts most like you?"）。实验结果表明，字面评价的理解难度低于反语评价，反语批评的理解难度低于反语表扬。被试可以借助说话人间的关系来帮助理解字面表达（敌人之间相互攻击的可能性较大，相互表扬的可能性较小），但是说话人间的关系并不影响被试对反语表达（幽默或嘲弄的语用效果）的理解。总地来说，7～9岁儿童刚刚获得对反语语用功能的初步感知。

（2）受话人的心理理论能力。近年来，随着心理理论尤其是二阶心理理论（second-order theory of mind）研究的不断深入，学者们开始探讨心理理论能力对反语认知的影响。所谓心理理论，是指个体对自己或他人心理状态（如意图、知识、信念等）的认识，并由此对相应行为做出因果性预测和解释。二阶心理理论则是指个体对当事人A关于当事人B的心理状态的推论。研究表明，心理理论能力影响比喻性语言的认知加工，尤其是反语的认知加工。心理理论能力存在缺陷的特殊人群（比如5岁以下儿童、自闭症患者、前额区受损的脑损伤患者），反语认知能力也较差。功能磁共振成像研究则发现，与心理理论能力相关的脑区也参与反语认知加工。

（3）受话人的执行功能水平。执行功能有广义和狭义之分：广义的执行功能包括工作记忆（working memory）、抑制控制（inhibitory control）和认知转换（cognitive shifting）；狭义的执行控制仅包括抑制控制，是指个体追求认知表征目标时抑制对无关刺激反应的能力。从执行功能角度考察儿童汉语反语认知心理机制的研究表明，执行功能水平会制约儿童对反语故事中说话人态度和话语含义的理解，但对反语现象解释的作用不大。在反语认知中，执行功能水平高的儿童能更好地抑制话语字面义的影响，并做出与之相反的反应，因此能更好地理解说话人的态度及话语含义；由于执行功能主要影响人的信息加工能力，而对反语现象的解释取决于儿童的语言知识和语言能力，所以执行功能水平对反语现象解释的影响不大。

（4）受话人的理解策略。心理学研究发现，不同的理解策略会对认知加工产生影响。科尔内霍（Cornejo）等人通过呈现不同的问题（"目标句与前文是否一致"和"目标句在文中是否有意义"）引导两组被试分别采用分析策略（analytic strategy）或整体策略（holistic strategy）对短文篇末的目标句（字面表达或反语表达）进行判断。实验结果表明，两种理解策略下的反语认知存在差异：相较于使用分析策略的被试，使用整体策略的被试在判断反语目标句时会诱发较大波幅的N400，表明被试需要付出更多的认知努力。

（5）受话人的反语概念知识。反语概念知识（conceptual knowledge of irony）也是影响反语认知的重要因素之一。从理论上说，仅依靠心理理论能力无法将反语和其他形式的非字面语言区分开来。反语认知过程中，受话人首先需要将言语表达与其概念中的反语原型（ironic prototype）进行比较，评价二者的相似程度，若相似程度高则被认定为反语，并做进一步推理（包括说话人的预期、预期和现实之间的差距、说话人的态度等）。儿童反语理解困难与反语知识缺乏密切相关。由于反语概念知识随着年龄的增长和社会交际经验的积累逐步发展和完善，所以在家庭对话中使用反语及有针对性的语言训练都能够促进儿童反语认知能力的发展。

（6）受话人的语言经历。对于任何一个第二语言学习者，尤其是青少年和成年人，所面临的最大问题就是要弄清不同形式非字面语言的含义。二语反语的理解能力随着学习者语言经验的丰富而不断提高。大量的语境线索可以为语言学习者推理说话人的反语意图提供有效帮助，尽管这些线索对语言经验相对丰富的学习者的帮助大于语言经验欠丰富的学习者。

第二节　不同类型语境因素对反语认知加工的影响

一、认知语境的动态建构观

意义研究是语言学领域永恒的课题，也是语言学研究的根本目标。语境研究本质上是为意义研究服务的，这一关系决定了语境基本上处于工具的地位。换言之，体现在对语境功能的考察上。从最初语义学领域的语境研究，到语用学领域和认知语言学领域对语境的探讨，我们对语境构成因素及限制因素有了更加深入的认识，而且逐步确立了语境的动态建构观。

语境的建构观本身就是语境动态性的体现。传统语境研究中各要素是静态的，是先于交际存在的，是给定的。斯佩贝尔（Sperber）与威尔逊（Wilson）曾用五个假设证明了如果交际中所涉及的语境是预先给定的话，那么所涉及的语境范围将会是无限庞大的，人类会因为无法承受理解话语所需的心力而使交际最终导致荒谬的结果，交际会因为信息加工量太大、理解困难而根本无法进行。事实上，在交际中真正影响交际的语境因素是有限的，也正是这些有限的语境因素才构成了认知语境。为此，他们尝试论证了语境是交际过程中择定的，而不是给定的。他们认为，在语境信息的选定过程中，人的百科记忆组织及所从事的思维活动会限制潜在的语境数量；只有当某概念出现在一个已经加工的定识中时，该概念的百科条目才会被调取；每一轮会话结束时，未被调用的定识将被从记忆体中抹去，而演绎推出的定识则会遗留在记忆体中构成一个新的即时语境，使下一个新信息可以在其中得到演绎加工。如此不断删除和添加，交际中所需要的语境就被动态地建构起来，这样的解释更符合人类信息处理过程的真实情况。

语境的建构观在维什尔伦的"适应性的语境相关成分"的确认及"语境的生成"讨论中也得到体现。他认为要从范围无限的交际语境构成成分中，即从语言使用者和交际的物理世界、社交世界、心智世界的潜在语境相关成分中确认"适应性的语境相关成分"，就必须以交际的主体为焦点。他认为物理世界、社交世界和心智世界的各个方面通常要经由语言使用者认知过程的激活，才能开始在语言使用中发挥作用。这个认知激活过程即是"适应性的语境相关成分"的建构过程。而且他明确指出语境是由说话人和释话人之间的，与客观外在的现实相联系的互动的动态过程创造出来的。相关的语境是有边界的，而且是具有永久协商性的。换言之，语境并不是一经建构就永久使用的，而是在语篇发展过程中不断调整的连续过程。

至此，语境研究的动态建构观已经基本得以确认，它使得我们更有必要研究语篇中语境建构的规律及语境之于意义建构和诠释的作用机制。

二、语言语境和非语言语境影响反语认知加工的作用机制

语境作为语言使用和语言理解的现实环境，探讨语境影响反语认知加工的作用机制尤为必要。如前所述，认知语境相较于传统语境，具有动态性、选择性和整体性三大基本特性。认知语境的动态性是指在现实交际中，认知语境并非不断地扩大，而是在进行过程中不断扩展新信息，将推导出的新的定识不断纳入认知语境中的同时，也将那些既未影响或不再影响演绎过程的因素逐渐从交际的即时记忆中隐去，将其从认知语境中删除，从而使认知语境得到不断更新。认知语境的选择性则强调，在交际中，真正对话语产生影响的语境实际上是那些被交际主体选择的结果，只有那些经过交际主体主观认知选择了的语境才能成为其认知语境。认知语境的整体性表现在语境各因素之间不是独立起作用的，而是相互关联、相互作用的，共同对意义建构和诠释产生影响。语境是客观性和主观性统一的整体，客观是认知的材料和基础，主观是认知实现的手段和过程。

（1）语言语境对反语认知加工的影响。语言语境是以语言形式存在的语境，即上下文语境。从结构上看，上文语境可由各语言单位，包括词、短语、句子、复句、句群、段落和篇章来构成。以句子为界，又可将上文语境分为句内语境和句际语境两种，只有句际语境才能产生具体的动态意义——语境义，因此，本书中提到的上文语境主要指的是句际语境。从功能上看，篇章要求其内部语义具有一致性、连续性和完整性，因此上文语境具有制约性和协调性的影响作用。首先，上文语境的制约性表现在篇章的标题上。研究发现，让被试阅读有标题或无标题的篇章段落，无标题的篇章中实义词诱发的 N400 波幅更大，该实验首次证实了基于篇章水平产生的 N400，也反映了段落的主题可以促使人们对其内容进行更好的理解和把握。其次，上文语

境的制约性还表现在对句子的语义加工上。如果一个句子符合语法但是不符合语境的语义限制，被试对这个句子的加工（视觉与听觉）也是异常的。此外，上文语境还具有协调作用。其预设知识可以降低句中局部语义违反所导致的加工困难。在句子水平的 ERP 研究中，并没有观察到与上述类似的协调作用。这一方面反映了语境的影响作用与承载的信息量相关。因为从数量上看，句内语境的信息量比广泛的句际语篇要小。另一方面也反映了篇章语境独特的影响作用，可以消除不合理的语义搭配，使之成为正确甚至是富有文采的表达。

在本研究中，实验二以肯定 / 否定量化词对其后代词回指的"聚焦效应"为切入点，借助眼动追踪技术，考察语篇阅读中反语认知的心理机制。实验结果表明，语言语境（上下文关联）不能越过字面义直接激活反语义，即使是高熟悉度反语，反语义的通达仍然晚于字面义；最先被激活的反语字面义虽然与语言语境不相符，但仍会被保留下来，与反语义一起参与后期的语义整合；语言语境是促使认知主体做进一步推理并制约着认知主体朝反方向解读字面义的关键因素，对反语理解起催化作用。

对于反语字面义在加工早期是否必然被激活及字面义是否参与后期的语义整合，实验结果支持等级凸显模型及其"保留假说"——反语的字面义不仅会被激活，而且会保留在心理表征中参与后期加工。标准语用模型认为，字面义会被激活，但在获得反语义之后，字面义因被抑制而不参与后期的语义整合，该模型与实验的结果仅部分相符。直接通达模型则认为，字面义从一开始就未被激活，与实验结果不符。

对于语言语境在反语认知加工中的作用，本实验结果支持标准语用模型的语境观——反语义的获得必须要在发现字面义不符合语境之后，通过进一步推理才能做出符合上下文关联的语义选择。直接通达模型认为，语境可以直接提取反语义而无需激活字面义，夸大了语境的作用。等级凸显模型则忽视了语境的作用，认为加工早期的语义激活是意义显性程度的问题，而不是语境的问题。

（2）非语言语境对反语认知加工的影响。在现实的交际过程中，我们时常会觉得同样的一句话从不同人的口中说出来，意思变得完全不一样；而有的时候，对于某一个人说的一句话，不同的人理解起来又不尽相同。这是因为在使用语言的语境中，除了语言的内部语境即上下文关联之外，还包括语言使用的外部环境即非语言语境，比如受话人关于现实世界的百科知识及关于说话人的背景知识等，也都影响着语言的理解过程。从功能上看，由于非语言语境蕴含着言外之意，所以主要起着制约和补充的作用。非语言语境的制约性作用主要体现在百科知识语境上，即使句子的语义信息正确，但是与常识不符合，即违反客观世界的一般知识，同样会引起语义加工上的异常和困难。

本研究的实验三采用 ERP 实验手段，同时从说话人（交际风格）和受话人（被试的语用能力）两个方面着手，考察非语言语境影响反语认知加工的神经机制。实验发现，受话人能够在没有明确提示或任务要求的情况下，在语篇阅读过程中快速获得隐含的与说话人相关的非语言信息，而且能够将这些非语言信息作为百科知识运用到后续的语言认知加工中。

具体地说，实验的第一阶段作为学习阶段，通过控制两个说话人使用字面评价和反语评价的频率，塑造两个说话人不同的交际风格（偏好字面评价 vs 偏好反语评价）。为了考察说话人的交际风格及受话人的语用能力如何影响反语认知加工，本实验的第二阶段中，研究者调整说话人 A 和 B 使用字面评价和反语评价的频率，使其概率水平均为 50%。换言之，此阶段中，说话人对不同表达方式的实际运用与受话人在实验第一阶段中获得的非语言信息（两个说话人对字面表达和反语表达具有不同的使用偏好）并不一致。实验数据表明，与说话人交际风格相关的语用信息会影响反语理解的早期识别阶段（200～300 毫秒），当说话人的交际风格与其实际表达方式相符时，诱发了较大波幅的 P200 成分；对于加工后期的整合阶段（700～750 毫秒），偏好字面表达的说话人使用反语表达时，P600 波幅显著大于其使用字面表达时，而偏好反语表达的说话人使用两种表达方式时并未出现显著差异。换言之，与说话人交际风格相关的非语言知识通过影响受话人的预期进而影响反语认知加工。受话人自身的语用能力，主要影响反语的早期识别阶段，高语用能力组被试在表达方式与受话人交际风格一致的条件下的 P200 波幅显著大于低语用能力组被试，高语用能力组对说话人不同的交际风格更为敏感，进而说明以语用能力为代表的认知个体差异会对非语言语境的形成及作用产生影响，而这种影响从反语认知加工的一开始（200～300毫秒）就起作用。

回顾已有的针对非字面语言认知加工影响因素的实证研究，不难发现，研究者们倾向于将认知个体因素作为与语言因素、语境因素并列的影响因素进行单独讨论。然而，实验二的分析结果表明，客观事实（说话人的交际风格）与主观能力（受话人的语用能力）共同影响了认知语境的建构，客观事实只有通过语言使用者认知过程的识别和激活，才能开始在语言使用中发挥作用。语言的认知加工始终以交际主体为中心，这一过程由说话人和受话人之间的互动而不断改变、推进，体现了认知语境的动态性、选择性和整体性。

（3）语境影响反语认知加工的动态建构模型。在实验一的基础之上，综合实验二与实验三的结果，本研究提出反语认知加工的动态建构模型，该模型的作用机制如图7-1所示。

对于语言语境在反语认知加工过程中的作用，研究结果表明：无论是高熟悉度反语还是低熟悉度反语，语言语境（上下文关联）均无法越过字面义直接激活反语义；最先被激活的反语字面义虽然与语境不相符，但仍会被保留在心理表征中，和反语义一起参与后期的整合加工；语言语境所包含的上下文关联是促使认知主体做进一步推理并制约着认知主体朝反方向解读字面义，进而获得反语义的关键因素。

对于非语言语境对反语认知加工的影响，研究发现，受话人能够在交际过程中快速获得与说话人交际风格相关的语用知识。这些非语言信息主要会对其后反语认知加工的早期识别及后期整合产生影响。以受话人语用能力高低为代表的认知个体差异与以说话人交际风格为代表的非语言信息，是共同构成非语言语境的两大基本要素，二者在其中的作用和地位并不相同。认知个体差异通过影响受话人对非语言信息的感知和识别，制约非语言语境的形成及作用，进而对话语的反语义和语用内涵的获得产生重要影响。具体地说，高语用能力组被试对不同说话人交际风格上的差异更为敏感，并且会对符合说话人交际风格的表达方式形成更高的预期，从而影响反语认知加工的早期阶段。

除了受话人的语用能力水平，认知个体差异还包括受话人的年龄、心理理论能力、执行功能水平、理解策略、反语概念知识及语言经历等。非语言信息不仅包括说话人的交际风格，还包括说话人的性别、职业、人格特质及交际双方的亲密程度、他人期望等。这些因素均有可能对非语言语境制约反语加工的认知过程产生不同程度的影响。（图 7-1）

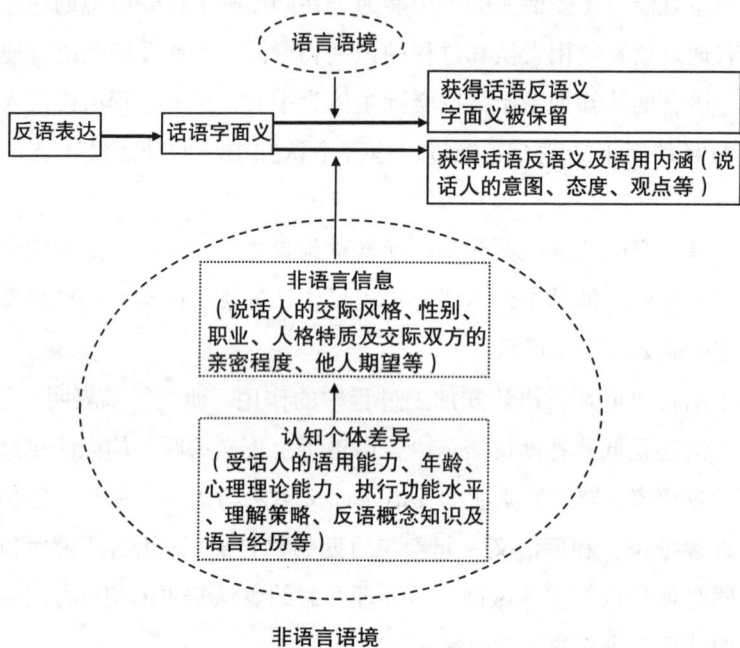

图 7-1　语境影响反语认知加工的动态建构模型

第八章

结　语

第一节　主要结论

关于语言语境在反语认知加工中的作用，话语的字面义作为反语加工的开端，总是首先被激活与加工，反语义的通达晚于字面义；最先被激活的字面义虽然与语境不相符，但仍会被保留下来，与反语义一起参与后期的语义整合；语言语境（上下文关联）无法越过字面义直接激活反语义，语言语境是促使认知主体做进一步推理并制约认知主体朝反方向解读字面义的关键因素。实验结果不支持直接通达模型；但部分支持模块加工模型关于反语认知机制的理论假设。

对于非语言语境对反语认知加工的影响，以受话人语用能力高低为代表的认知个体差异与以说话人交际风格为代表的非语言信息，是共同构成非语言语境的两大基本要素，二者在其中的作用和地位并不相同。受话人能够在交际过程中快速获得与说话人交际风格相关的语用知识，这些非语言信息主要对反语认知加工的早期识别及后期整合产生影响。具有较高语用能力的受话人对不同说话人交际风格上的差异更为敏感，并且会对符合说话人交际风格的表达方式形成更高的预期，从而对反语认知加工产生影响。换言之，受话人的认知个体差异通过影响交际过程中受话人对非语言信息的感知和识别，制约非语言语境的形成及作用发挥，进而对话语的反语义和语用内涵的获得产生重要影响。因此，不应将认知个体因素作为与语言因素、语境因素并列的制约要素，分别对它们进行单独讨论，而应重视人作为交际主体和认知主体在非语言语境动态构建过程中的重要主导作用。

第二节　本研究的不足之处

第一，就实验手段而言。由于技术条件的限制，本研究中的三个实验依据研究目的分别采用问卷、眼动和 ERP 实验手段进行考察，并未真正地将不同实验手段结合使用，在实验过程中同时采集多种数据进行对照分析和讨论，因而未能更加有效地发挥不同实验手段各自的优势，弥补各自的缺陷。

第二，就实验材料而言。本研究中三个实验所采用的实验材料虽然都来源于日常交际中的真实情景，并且经过合理性评估进行筛选，但是实验范式需要对句式及句子长度等因素进行控制，因此，均非现实生活中的自然语料。此外，在实验三中，阶段一作为学习阶段，通过控制不同说话人使用反语的频率，使得被试在没有明确提示及任务要求的情况下获得与说话人交际风格相关的语用知识，进而实现实验三考察非语言信息如何影响反语认知加工的目的。但是不可否认，对于怎样的反语使用频率才是有效、合理且最接近真实情况的，还缺乏足够的证据支持和充分的论证分析。

第三，就实验被试而言。由于现实条件有限，本研究和国内现有的大多数比喻性实证研究一样，仍然采用在校大学生作为被试，未能开展针对不同年龄层被试的发展研究和针对不同群体被试（性别、职业、教育程度等）的差异化研究。

第三节　对未来研究的展望

本研究分别从语言语境和非语言语境两个角度切入，在实验证据的基础之上提出语境影响反语认知加工的动态建构模型。对于非语言语境在反语认知加工中的作用，本研究分别以说话人的交际风格和受话人的语用能力为代表，考察非语言信息和认知个体差异协同影响反语认知加工的动态过程。除了说话人的交际风格和受话人的语用能力，对于其他可能的影响因素未进行更加细致的分类考察，因此模型还略显粗糙，有待未来研究的进一步深化。

与人类其他具有目的性和环境适应性的行为一样，非字面语言的使用及理解受到多种因素影响，包括不同类型非字面语言的选择、交际双方的目标和动机、社会语境和文化语境等。受话人总是能够根据具体情境灵活地运用语境信息来帮助理解（不同的交际情境包含不同的语境信息），因此，可能并不存在某种不受交际情境限制而适用于所有非字面表达的默认加工过程。即使对于某一个非字面表达，受话人也不会在任何语境中都以相同方式对其进行认知加工并且获得相同含义。非字面语言研究应该借助动态系统理论作为理论工具，重视非字面语言理解和使用的复杂性和动态性，深入考察这些影响因素之间的关联作用，从而扩展非字面语言认知研究的理论框架，解决心理语言学领域长期以来存在的争论。

就研究方法而言，由于实验情境并不符合现实生活中的"明示—推理"交际，被试作为受话人并不遵守"最佳关联假设"，不愿意投入过多的认知努力而只对话语做粗糙的认知加工，获得简单的意义——最低限度的关联之后就停止。因此，心理学实验并不是唯一有效的手段。研究者应该重视非字面语言理解的复杂性和不确定性，在动态话语语境中考察非字面语言的认知机制。而对于已有的大量实证研究结果，研究者应该以更加开放的态度来看待，思考不同受话人、语言材料、实验任务、评价工具是如何相互结合，从而产生复杂多样、高度依赖于语境的非字面语言认知过程及认知产物，进而影响实验的结果。

反思当前非字面语言认知研究的现状和遭遇到的瓶颈，未来的研究应深入探究不同类型非字面语言在真实交际语境（口语／书面语）中特有的使用方式（形式和语义内容）；在多个层面（从语言演化到神经机制，从概念到话语，从文化到个体）的分析研究中找到契合点，从而揭示将不同层面联系起来的动态耦合；从不同语篇类型和知识领域出发，探究非字面语言使用和埋解的时代特征，从而揭示非字面语言"体验"（experience）的动态特质，阐明非字面含义在不同时间维度上不断发展变化的方式和途径。只有对语言在使用过程中的持续发展变化保持高度敏感，采用灵活多变的方法对其中所包含的不同影响因素进行详细考察，包容更多的可能性和不确定性，我们才有可能不断接近人类语言认知的真相。

参考文献

[1]   曹道根 . 理解反语 : 反语交际 , 反语生成和反语的理解 [J]. 山东外语教学 , 2004 (2): 9–13.

[2]   胡霞 . 认知语境研究 [D]. 杭州 : 浙江大学 , 博士学位论文 , 2005.

[3]   黄华新 , 胡霞 . 认知语境的建构性探讨 [J]. 现代外语 , 2004, 27(3): 248–254.

[4]   李勇忠 , 李春华 . 框架转换与意义建构 [J]. 外语学刊 , 2004 (3): 24–29.

[5]   刘森林 . 认知语境因素结构化 [J]. 四川外语学院学报 , 2000 (4): 54–59.

[6]   刘涛 , 杨亦鸣 , 张辉 . 语法语境下汉语名动分离的 ERP 研究 [J]. 心理学报 , 2008, 6: 671–680.

[7]   刘燕妮 , 舒华 . ERP 与语言研究 [J]. 心理科学进展 , 2003, 3: 296–302.

[8]   罗跃嘉 , 姜扬 , 程康 . 认知神经科学教程 [M]. 北京 : 北京大学出版社 , 2006.

[9]   王建华 , 周明强 , 盛爱萍 . 现代汉语语境研究 [M]. 杭州 : 浙江大学出版社 , 2002.

[10]   熊学亮 . 认知语用学概论 [M]. 上海 : 上海外语教育出版社 , 1999.

[11]   熊学亮 . 语用学和认知语境 [J]. 外语学刊 , 1996 (3): 1–7.

[12]   张仙峰 , 叶文玲 . 当前阅读研究中眼动指标述评 [J]. 心理与行为研究 , 2006, 4(3): 236–240.

[13]   赵虹 . 反讽认知研究三十年 : 回顾与反思 [J]. 浙江外国语学院学报 , 2013(5): 11–17.

[14]   赵鸣 . 汉语等级含义加工的神经机制研究 [D]. 杭州 : 浙江大学 , 2012.

[15]   周淑萍 . 语境研究 : 传统与创新 [M]. 厦门 : 厦门大学出版社 , 2011.

[16]   Akimoto Y, Miyazawa S, Muramoto T. Comprehension processes of verbal irony: The effects of salience, egocentric context, and allocentric theory of

mind[J]. Metaphor and Symbol, 2012, 27(3): 217–242.

[17] Amenta S, Balconi M. Understanding irony: An ERP analysis on the elaboration of acoustic ironic statements[J]. Neuropsychological Trends, 2008, 3: 5–28.

[18] Baron–Cohen S, Wheelwright S, Skinner R, et al. The autism–spectrum quotient (AQ): Evidence from asperger syndrome/high–functioning autism, malesand females, scientists and mathematicians[J]. Journal of Autism and Developmental Disorders, 2001, 31(1): 5–17.

[19] Bigman Z, Pratt H. Time course and nature of stimulus evaluation in category induction as revealed by visual event–related potentials[J]. Biological Psychology, 2004, 66(2): 99–128.

[20] Bohrn I C, Altmann U, Jacobs A M. Looking at the brains behind figurative language—A quantitative meta–analysis of neuroimaging studies on metaphor, idiom, and irony processing[J]. Neuropsychologia, 2012, 50(11): 2669–2683.

[21] Bosco F M, Bucciarelli M. Simple and complex deceits and ironies[J]. Journal of Pragmatics, 2008, 40(4): 583–607.

[22] Clark H H, Gerrig R J. On the pretense theory of irony[J]. Journal of Experimental Psychology: General, 1984, 113(1): 121 – 126.

[23] Climie E A, Pexman P M. Eye gaze provides a window on children's understanding of verbal irony[J]. Journal of Cognition and Development, 2008, 9(3): 257–285.

[24] Connolly J F, Phillips N A. Event–related potential components reflect phonological and semantic processing of the terminal word of spoken sentences[J]. Journal of Cognitive Neuroscience, 1994, 6(3): 256–266.

[25] Cornejol C, Simonetti F, Aldunate N, et al. Electrophysiological evidence of different interpretative strategies in irony comprehension[J]. Journal of Psycholinguistic Research, 2007, 36(6): 411–430.

[26] Coulson S, King J W, Kutas M. Expect the unexpected: Event–related brain responses of morphosyntactic violations[J]. Language and Cognitive Processes, 1998, 13: 21–58.

[27] Coulson S, Severens E. Hemispheric asymmetry and pun comprehension: When cowboys have sore calves[J]. Brain and Language, 2007, 100(2): 172–187.

[28] Coulson S, Wu Y C. Right hemisphere activation of joke–related information: An event–related brain potential study[J]. Journal of Cognitive Neuroscience, 2005, 17(3): 494–506.

[29] Coulson S. Semantic leaps: Frame–shifting and conceptual blending in meaning construction[M]. Cambridge: Cambridge University Press, 2001.

[30] Dews S, Winner E. Muting the meaning a social function of irony[J]. Metaphor and Symbol, 1995, 10(1): 3–19.

[31] Eviatar Z, Just M A. Brain correlates of discourse processing: An fMRI investigation of irony and conventional metaphor comprehension[J]. Neuropsychologia, 2006, 44(12): 2348–2359.

[32] Fauconnier G, Turner M. Conceptual integration networks[J]. Cognitive Science, 1998, 22(2): 133–187.

[33] Federmeier K D, Wlotko E W, De Ochoa–Dewald E, et al. Multiple effects of sentential constraint on word processing[J]. Brain Research, 2007, 1146: 75–84.

[34] Ferretti T R, Schwint C A, Katz A N. Electrophysiological and behavioral measures of the influence of literal and figurative contextual constraints on proverb comprehension[J]. Brain and Language, 2007, 101(1): 38–49.

[35] Filik R, Leuthold H, Moxey L M, et al. Anaphoric reference to quantified antecedents: An event–related brain potential study[J]. Neuropsychologia, 2011, 49(13): 3786–3794.

[36] Filik R, Moxey L M. The on–line processing of written irony[J]. Cognition, 2010, 116(3): 421–436.

[37] Friederici A D, Meyer M. The brain knows the difference: Two types of grammatical violations[J]. Brain Research, 2004, 1000(1–2): 72–77.

[38] Gibbs Jr R W, Colston H L. Interpreting figurative meaning[M]. Cambridge:

Cambridge University Press, 2012.

[39] Gibbs Jr R W. Comprehension and memory for nonliteral utterances: The problem of sarcastic indirect requests[J]. Acta Psychologica, 1986, 62(1): 41–57.

[40] Gibbs R W. Irony in talk among friends[J]. Metaphor and Symbol, 2000, 15(1–2): 5–27.

[41] Gibbs R W. On the psycholinguistics of sarcasm[J]. Journal of Experimental Psychology: General, 1986, 115(1): 3–15.

[42] Giora R. On our mind: Salience, context, and figurative language[M]. New York: Oxford University Press, 2003.

[43] Giora R. On the priority of salient meanings: Studies of literal and figurative language[J]. Journal of Pragmatics, 1999, 31(7): 919–929.

[44] Giora R. Understanding figurative and literal language: The graded salience hypothesis[J]. Cognitive Linguistics, 1997, 8(3): 183–206.

[45] Grice H P. Logic and conversation[M]//Speech acts. Brill, 1975: 41–58.

[46] Hagen G F, Gatherwright J R, Lopez B A, et al. P3a from visual stimuli: task difficulty effects[J]. International Journal of Psychophysiology, 2006, 59(1): 8–14.

[47] Hagoort P, Hald L, Bastiaansen M, et al. Integration of word meaning and world knowledge in language comprehension[J]. Science, 2004, 304(5669): 438–441.

[48] Hancock J T, Dunham P J, Purdy K. Children's comprehension of critical and complimentary forms of verbal irony[J]. Journal of Cognition and Development, 2000, 1(2): 227–248.

[49] Katz A N, Blasko D G, Kazmerski V A. Saying what you don't mean: Social influences on sarcastic language processing[J]. Current Directions in Psychological Science, 2004, 13(5): 186–189.

[50] Kreuz R J, Glucksberg S. How to be sarcastic: The echoic reminder theory of verbal irony[J]. Journal of Experimental Psychology: General, 1989, 118(4): 374–386.

[51] Kumon–Nakamura S, Glucksberg S, Brown M. How about another piece of pie: The allusional pretense theory of discourse irony[J]. Journal of Experimental Psychology: General, 1995, 124(1): 3–21.

[52] Kuperberg G R, Holcomb P J, Sitnikova T, et al. Distinct patterns of neural modulation during the processing of conceptual and syntactic anomalies[J]. Journal of Cognitive Neuroscience, 2003, 15(2): 272–293.

[53] Kutas M, Hillyard S A. Reading senseless sentences: Brain potentials reflect semantic incongruity[J]. Science, 1980, 207(4427): 203–205.

[54] Kutas M. Views on how the electrical activity that the brain generates reflects the functions of different language structures[J]. Psychophysiology, 1997, 34(4): 383–398.

[55] Lattner S, Friederici A D. Talker's voice and gender stereotype in human auditory sentence processing – evidence from event–related brain potentials[J]. Neuroscience Letters, 2003, 339(3): 191–194.

[56] Levinson S C, Levinson S C, Levinson S. Pragmatics[M]. Cambridge: Cambridge university press, 1983.

[57] MacDonald M C, Seidenberg M S. Constraint satisfaction accounts of lexical and sentence comprehension[M]//Handbook of psycholinguistics. NewYork: Academic Press, 2006: 581–611.

[58] Martín–Loeches M, Hinojosa J A, G ó mez–Jarabo G, et al. The recognition potential: An ERP index of lexical access[J]. Brain and Language, 1999, 70(3): 364–384.

[59] Monetta L, Grindrod C M, Pell M D. Irony comprehension and theory of mind deficits in patients with Parkinson's disease[J]. Cortex, 2009, 45(8): 972–981.

[60] Moxey L M, Sanford A J. Quantifiers and focus[J]. Journal of Semantics, 1986, 5(3): 189–206.

[61] Osterhout L, Holcomb P J. Event–related brain potentials elicited by syntactic anomaly[J]. Journal of Memory and Language, 1992, 31(6): 785–806.

[62] Pexman P M, Glenwright M, Hala S, et al. Children's use of trait information in understanding verbal irony[J]. Metaphor and Symbol, 2006, 21(1): 39–60.

[63] Pexman P M, Glenwright M, Krol A, et al. An acquired taste: Children's perceptions of humor and teasing in verbal irony[J]. Discourse Processes, 2005, 40(3): 259–288.

[64] Pexman P M, Glenwright M, Krol A, et al. An acquired taste: Children's perceptions of humor and teasing in verbal irony[J]. Discourse Processes, 2005, 40(3): 259–288.

[65] Pexman P M, Zvaigzne M T. Does irony go better with friends?[J]. Metaphor and Symbol, 2004, 19(2): 143–163.

[66] Pexman P M. It's fascinating research: The cognition of verbal irony[J]. Current Directions in Psychological Science, 2008, 17(4): 286–290.

[67] Prat C S, Mason R A, Just M A. An fMRI investigation of analogical mapping in metaphor comprehension: the influence of context and individual cognitive capacities on processing demands[J]. Journal of Experimental Psychology: Learning, Memory, and Cognition, 2012, 38(2): 282.

[68] Regel S, Coulson S, Gunter T C. The communicative style of a speaker can affect language comprehension? ERP evidence from the comprehension of irony[J]. Brain Research, 2010, 1311: 121–135.

[69] Regel S, Gunter T C, Friederici A D. Isn't it ironic? An electrophysiological exploration of figurative language processing[J]. Journal of Cognitive Neuroscience, 2011, 23(2): 277-293.

[70] Regel S. The comprehension of figurative language: electrophysiological evidence on the processing of irony[D]. Leipzig: Max Planck Institute for Human Cognitive and Brain Sciences, 2009.

[71] Ritchie D. Frame-shifting in humor and irony[J]. Metaphor and Symbol, 2005, 20(4): 275–294.

[72] Rudell A P. The recognition potential: a visual response evoked by recognizable images[C]//Neurosciences Abstracts. 1990, 16: 106.

[73] Searle J R. Expression and meaning: Studies in the theory of speech acts[M]. Cambridge: Cambridge University Press, 1985.

[74] Sperber D, Wilson D. Relevance: Communication and cognition[M]. Cambridge, MA: Harvard University Press, 1986.

[75] Thoma P, Daum I. Neurocognitive mechanisms of figurative language processing-evidence from clinical dysfunctions[J]. Neuroscience & Biobehavioral Reviews, 2006, 30(8): 1182–1205.

[76] Uchiyama H, Seki A, Kageyama H, et al. Neural substrates of sarcasm: a functional magnetic–resonance imaging study[J]. Brain Research, 2006, 1124(1): 100–110.

[77] Van Berkum J J A, Van den Brink D, Tesink C M J Y, et al. The neural integration of speaker and message[J]. Journal of Cognitive Neuroscience, 2008, 20(4): 580–591.

[78] Van Dijk T A. Discourse and context: A sociocognitive approach[M]. Cambridge: Cambridge University Press, 2008.

[79] Van Dijk T A. Ideology: A multidisciplinary approach[M]. NewYork: Sage, 1998.

[80] Verschueren J. Understanding pragmatics[M]. London: the Hodder Headline Group, 1999.

[81] Whalen J M, Pexman P M, Gill A J. "Should be fun—not!" Incidence and marking of nonliteral language in e–mail[J]. Journal of Language and Social Psychology, 2009, 28(3): 263–280.

[82] Wlotko E W, Federmeier K D. Finding the right word: Hemispheric asymmetries in the use of sentence context information[J]. Neuropsychologia, 2007, 45(13): 3001–3014.

[83] Woodland J, Voyer D. Context and intonation in the perception of sarcasm[J]. Metaphor and Symbol, 2011, 26(3): 227–239.

[84] Zhang H, Yang Y, Gu J, et al. ERP correlates of compositionality in Chinese idiom comprehension[J]. Journal of Neurolinguistics, 2013, 26(1): 89–112.

附　录

附录一　眼动实验语料

场景一	字面表达	反语表达
肯定量化词	周末，李强和周锐冒着大雨，到球场看中国国家足球队对阵沙特国家队的比赛。看台上坐满了观众。 "来现场支持国足的球迷<u>很多</u>。"李强笑着说。 "<u>他们</u>也许会后悔冒雨来看比赛 / 也许正在家里看电视转播。"周锐回答。 比赛马上就要开始了。	周末，李强和周锐冒着大雨，到球场看中国国家足球队对阵沙特国家队的比赛。看台上的观众寥寥无几。 "来现场支持国足的球迷<u>很多</u>。"李强笑着说。 "<u>他们</u>也许正在家里看电视转播 / 也许会后悔冒雨来看比赛。"周锐回答。 比赛马上就要开始了。
否定量化词	周末，李强和周锐冒着大雨，到球场看中国国家足球队对阵沙特国家队的比赛。看台上的观众寥寥无几。 "来现场支持国足的球迷<u>不多</u>。"李强笑着说。 "<u>他们</u>也许正在家里看电视转播 / 也许会后悔冒雨来看比赛。"周锐回答。 比赛马上就要开始了。	周末，李强和周锐冒着大雨，到球场看中国国家足球队对阵沙特国家队的比赛。看台上坐满了观众。 "来现场支持国足的球迷<u>不多</u>。"李强笑着说。 "<u>他们</u>也许会后悔冒雨来看比赛 / 也许正在家里看电视转播。"周锐回答。 比赛马上就要开始了。

场景二	字面表达	反语表达
肯定量化词	老李家附近有个公园。每天早晨都有很多年轻人在公园锻炼，有的跑步，有的打球。 "如今早起晨练的年轻人<u>很多</u>。"老李笑着说。 "<u>他们</u>知道趁着还年轻要多锻炼 / 喜欢晚上熬夜，白天睡懒觉。"老刘回答。 两个老人边散步边聊天。	老李家附近有个公园。每天早晨都只有一些老年人在公园锻炼。 "如今早起晨练的年轻人<u>很多</u>。"老李笑着说。 "<u>他们</u>喜欢晚上熬夜，白天睡懒觉 / 知道趁着还年轻要多锻炼。"老刘回答。 两个老人边散步边聊天。

续表

场景二	字面表达	反语表达
否定量化词	老李家附近有个公园。每天早晨都只有一些老年人在公园锻炼。 "如今早起晨练的年轻人<u>不多</u>。"老李笑着说。 "<u>他们</u>喜欢晚上熬夜，白天睡懒觉／知道趁着还年轻要多锻炼。"老刘回答。 两个老人边散步边聊天。	老李家附近有个公园。每天早晨都有很多年轻人在公园锻炼，有的跑步，有的打球。 "如今早起晨练的年轻人<u>不多</u>。"老李笑着说。 "<u>他们</u>知道趁着还年轻要多锻炼／喜欢晚上熬夜，白天睡懒觉。"老刘回答。 两个老人边散步边聊天。

场景三	字面表达	反语表达
肯定量化词	李芳下岗后，在自己住的小区里开了家花店，生意很好。 "来你这店里买花的顾客<u>很多</u>。"老王笑着说。 "<u>他们</u>可能觉得价格还比较实惠／可能觉得花钱买花不划算。"李芳回答。 说着，李芳把一束已经修剪好的玫瑰插到花瓶里。	李芳下岗后，在自己住的小区里开了家花店，生意一直很冷清。 "来你这里买花的顾客<u>很多</u>。"老王笑着说。 "<u>他们</u>可能觉得花钱买花不划算／可能觉得价格还比较实惠。"李芳回答。 说着，李芳把一束已经修剪好的玫瑰插到花瓶里。
否定量化词	李芳下岗后，在自己住的小区里开了家花店，生意一直很冷清。 "来你这店里买花的顾客<u>不多</u>。"老王笑着说。 "<u>他们</u>可能觉得花钱买花不划算／可能觉得价格还比较实惠。"李芳回答。 说着，李芳把一束已经修剪好的玫瑰插到花瓶里。	李芳下岗后，在自己住的小区里开了家花店，生意很好。 "来你这店里买花的顾客<u>不多</u>。"老王笑着说。 "<u>他们</u>可能觉得价格还比较实惠／可能觉得花钱买花不划算。"李芳回答。 说着，李芳把一束已经修剪好的玫瑰插到花瓶里。

场景四	字面表达	反语表达
肯定量化词	晚上七点，李红和莉莉收拾好东西准备下班。办公室里还有很多人在埋头工作，没有半点要走的意思。 "今天晚上留下加班的人<u>很多</u>。"李红笑着说。 "<u>他们</u>得把手头的事做完才能走／还没到下班的点就开溜了。"莉莉回答。 窗外，天已经全黑了。	晚上七点，同事们都下班了。办公室里只剩李红和莉莉还在埋头工作。 "今天晚上留下加班的人<u>很多</u>。"李红笑着说。 "<u>他们</u>还没到下班的点就开溜了／得把手头的事做完才能走。"莉莉回答。 窗外，天已经全黑了。

场景四	字面表达	反语表达
否定量化词	晚上七点，同事们都下班了。办公室里只剩李红和莉莉还在埋头工作。 "今天晚上留下加班的人<u>不多</u>。"李红笑着说。 <u>他们</u>还没到下班的点就开溜了／得把手头的事做完才能走。"莉莉回答。 窗外，天已经全黑了。	晚上七点，李红和莉莉收拾好东西准备下班。办公室里还有很多人在埋头工作，没有半点要走的意思。 "今天晚上留下加班的人<u>不多</u>。"李红笑着说。 <u>他们</u>得把手头的事做完才能走／还没到下班的点就开溜了。"莉莉回答。 窗外，天已经全黑了。

场景五	字面表达	反语表达
肯定量化词	离家长会开始还有半个多小时，教室里已经坐满了人。 "今天特意来开会的家长<u>很多</u>。"王宁笑着说。 <u>他们</u>都很重视孩子的教育问题／总是拿自己工作忙当借口。"张明回答。 老师们把学生在学校的情况详细地告诉家长。	家长会马上就要开始了，教室里只有几个人。 "今天特意来开会的家长<u>很多</u>。"王宁笑着说。 <u>他们</u>总是拿自己工作忙当借口／都很重视孩子的教育问题。"张明回答。 老师们把学生在学校的情况详细地告诉家长。
否定量化词	家长会马上就要开始了，教室里只有几个人。 "今天特意来开会的家长<u>不多</u>。"王宁笑着说。 <u>他们</u>总是拿自己工作忙当借口／都很重视孩子的教育问题。"张明回答。 老师们把学生的学习情况详细地告诉家长。	离家长会开始还有半个多小时，教室里已经坐满了人。 "今天特意来开会的家长<u>不多</u>。"王宁笑着说。 <u>他们</u>都很重视孩子的教育问题／总是拿自己工作忙当借口。"张明回答。 老师们把学生在学校的情况详细地告诉家长。

场景六	字面表达	反语表达
肯定量化词	周末，校话剧社在广场举行纳新活动。不到半天就收到了好几百份报名表。 "想加入咱们话剧社的人<u>很多</u>。"周欣笑着说。 <u>他们</u>从没演过戏，都想尝试一下／可能对表演不怎么感兴趣。"徐莹回答。 每个学期末，校话剧社都会举办一次大型汇报演出。	周末，校话剧社在广场举行纳新活动。一整天下来只收到了几份报名表。 "想加入咱们话剧社的人<u>很多</u>。"周欣笑着说。 <u>他们</u>可能对表演不怎么感兴趣／从没演过戏，都想尝试一下。"徐莹回答。 每个学期末，校话剧社都会举办一次大型汇报演出。

续表

场景六	字面表达	反语表达
否定量化词	周末，校话剧社在广场举行纳新活动。一整天下来只收到了几份报名表。 "想加入咱们话剧社的人<u>不多</u>。"周欣笑着说。 "<u>他们</u>可能对表演不怎么感兴趣／从没演过戏，都想尝试一下。"徐莹回答。 每个学期末，校话剧社都会举办一次大型汇报演出。	周末，校话剧社在广场举行纳新活动。不到半天就收到了好几百份报名表。 "想加入咱们话剧社的人<u>不多</u>。"周欣笑着说。 "<u>他们</u>从没演过戏，都想尝试一下／可能对表演不怎么感兴趣。"徐莹回答。 每个学期末，校话剧社都会举办一次大型汇报演出。

场景七	字面表达	反语表达
肯定量化词	路边停着两辆献血车。很多人在排队化验，等待抽血。 "现在愿意无偿献血的人<u>很多</u>。"刘梅笑着说。 "<u>他们</u>知道一袋血能救回一条命／还是担心献血会损害健康。"张丽回答。 每位献血者都会获得一张献血证和一份小礼品。	路边停着两辆献血车。行人匆匆走过，没有人停下脚步。 "现在愿意无偿献血的人<u>很多</u>。"刘梅笑着说。 "<u>他们</u>还是担心献血会损害健康／知道一袋血能救回一条命。"张丽回答。 每位献血者都会获得一张献血证和一份小礼品。
否定量化词	路边停着两辆献血车。行人匆匆走过，没有人停下脚步。 "现在愿意无偿献血的人<u>不多</u>。"刘梅笑着说。 "<u>他们</u>还是担心献血会损害健康／知道一袋血能救回一条命。"张丽回答。 每位献血者都会获得一张献血证和一份小礼品。	路边停着两辆献血车。很多人在排队化验，等待抽血。 "现在愿意无偿献血的人<u>不多</u>。"刘梅笑着说。 "<u>他们</u>知道一袋血能救回一条命／还是担心献血会损害健康。"张丽回答。 每位献血者都会获得一张献血证和一份小礼品。

场景八	字面表达	反语表达
肯定量化词	毕业在即，班长刘芳组织班里同学一起去西藏旅行，同学们都踊跃报名。 "参加这次毕业旅行的人<u>很多</u>。"刘芳笑着说。 "<u>他们</u>知道以后少有这样的机会／在忙着找工作，没心情去玩。"张铭回答。 刘芳决定先找几家旅行社咨询一下。	毕业在即，班长刘芳组织班里同学一起去西藏旅行，但是同学们反应冷淡，报名的人寥寥无几。 "参加这次毕业旅行的人<u>很多</u>。"刘芳笑着说。 "<u>他们</u>在忙着找工作，没心情去玩／知道以后少有这样的机会。"张铭回答。 刘芳决定先找几家旅行社咨询一下。

场景八	字面表达	反语表达
否定量化词	毕业在即，班长刘芳组织班里同学一起去西藏旅行，但是同学们反应冷淡，报名的人寥寥无几。 "参加这次毕业旅行的人<u>不多</u>。"刘芳笑着说。 "<u>他们</u>在忙着找工作，没心情去玩／知道以后少有这样的机会。"张铭回答。 刘芳决定先找几家旅行社咨询一下。	毕业在即，班长刘芳组织班里同学一起去西藏旅行，同学们都踊跃报名。 "参加这次毕业旅行的人<u>不多</u>。"刘芳笑着说。 "<u>他们</u>知道以后少有这样的机会／在忙着找工作，没心情去玩。"张铭回答。 刘芳决定先找几家旅行社咨询一下。

附录二　脑电实验语料

- 实验第一阶段

1. 王伟——字面表达

（1）王伟的导师要求他和同学于辉利用春节假期，各自完成一篇文献综述。节后返校，二人将文章交给对方修改。于辉的文章分析深入、逻辑严密，而且相关的引用、注释一个也不少。王伟看了之后说："你写得可真仔细。"

（2）王伟和室友张帅约好要早起去晨练。闹钟一响，张帅立刻起床，叠被、穿衣、洗漱，十分钟不到就收拾妥当可以出门了，而王伟才刚刚穿好衣服。王伟说："你的动作可真快。"

（3）周末，王伟和女友周芳一块儿去游乐场。过山车、海盗船、跳楼机，周芳专挑惊险刺激的项目，玩了一圈下来还大呼不过瘾，非要全都再玩一次，王伟说："你的胆子可真大。"

（4）王伟和室友到寝室楼下的小店买水果。见有新鲜草莓，便向老板询问草莓甜不甜。老板告诉他们，刚上市的不会很甜，要甜的还得再过些日子。王伟对室友说："这老板做生意真实在。"

（5）下周一的组会轮到王伟做报告。直到周日晚上，他才开始着手准备。好不容易有点眉目，电脑突然出了问题，王伟什么都没保存，急得直跳脚。还好室友三两下就帮他把电脑上的东西恢复了。王伟对室友说："这可真是太好了。"

（6）王伟通过同学徐丽介绍，接了一份家教兼职，给一个刚上初中的小男孩辅导功课。几次课下来，王伟发现小男孩总是一点就通，而且能够举一反三，就连高中阶段的数学题也难不倒他。王伟对徐丽说："这孩子可真聪明。"

（7）王伟听说学校附近的广场上有个大型冬装特卖活动，便和同学一块儿去凑热闹。到了那儿，发现偌大的广场上人头攒动，摆满了大大小小的摊位，货品多种多样。王伟说："这活动的规模可真大。"

（8）周六，王伟本打算和实验室的同学一块儿去郊游。可天气预报说当天下午有雨，于是大家只好取消了出行的计划。果不其然，早上还阳光明媚的天空午后突然阴沉下来，没多久就下起瓢泼大雨。王伟看着窗外说："这天气预报还真准。"

（9）两个学院组织篮球友谊赛，球场边围满了看比赛的人，王伟和同学游锐也在场边为自己的院队加油。球场上，双方你追我赶，比分不断交替上升。比赛快要结束时，双方又一次打成平手。王伟说："这比赛真是充满悬念。"

（10）王伟的同门师兄郭超平日刻苦努力、潜心科研，三年里在国内外各类期刊上发表了四十几篇高水平的学术论文，年纪轻轻就获得了许多荣誉。王伟对同学说："他真是我们的好榜样。"

（11）王伟的同学郑慧虽然家境富裕，但吃穿用度都十分朴素节约，从来不在人前显摆。同窗三年，直到毕业前，王伟和其他同学才知道她家里有上百亿资产。王伟说："她的为人可真低调。"

（12）实验室里，大家都在各自忙活手头的事情。只有高梅一整天都坐着发呆，愁眉紧缩、闷闷不乐。徐丽见状便过去安慰她，没说几句，高梅就眉开眼笑开心起来。王伟对徐丽说："你可真是热心肠。"

（13）周末，王伟和同学于辉冒着大雨，到球场看中国国家足球队对阵沙特国家队的比赛。看台上坐满了观众，就连过道上都站了不少人。王伟对于辉说："来现场的球迷可真多。"

（14）王伟打算租房，整个周末都跟着房产中介东奔西走地看房子。中介带着王伟来到一个临河而建的小区，里面的房子错落有致，花草繁茂，安静整洁。王伟说："这小区的环境可真好。"

（15）周末，王伟和女友周芳去爬山。就快爬到山顶时，王伟已经累得满头大汗、气喘吁吁，周芳却还是面不改色、脚步轻快。王伟说："你的体力可真不错。"

（16）王伟和身边的大多数同学都有不同程度的近视。只有同学高梅从来不用戴眼镜，大老远的标志牌上写了什么字她每次都能看得清清楚楚。王伟羡慕地说："你的视力可真好。"

（17）王伟的学院最近刚聘请了一位教授，看上去比学生也大不了几岁。王伟一打听，才知道这位教授在国外生活多年，年纪才三十岁出头，王伟说："这教授可真年轻。"

（18）王伟对一双球鞋心仪已久，但嫌贵一直不舍得买。圣诞节将至，各大商场都推出打折促销活动，王伟和女友逛街时发现那双球鞋打四折，而且还送抵用券。王伟说："这价格可真实惠。"

（19）离放寒假还有将近两个月，王伟和同学已经开始上网订购回家的机票。王伟眼疾手快地抢到一张两折的机票，所有费用加起来比坐火车回家还省得多。王伟说："这机票可真便宜。"

（20）早上，天空露出久违的阳光，王伟和室友赶紧把被褥从五楼抱到楼下晒晒。可没过一会儿，天色又阴沉下来。眼看就要下雨了，王伟和室友赶紧去收被子。王伟说："这天气变化可真快。"

2. 王伟——反语表达

（1）长期以来，王伟深受胃病的困扰。同学高梅告诉他，有位老中医开的药很有效，王伟决定去试试。吃了一个月的药，症状不但没有减轻，反而越来越严重，时常疼得整晚都睡不好觉。王伟对高梅说："这医生的医术真高明。"

（2）为了设计实验方案，王伟最近天天都泡在实验室里查阅大量文献。偶然看到一篇论文，光标题就有四五十个字，便将文章递给旁边的同学看。王伟说："这标题可真简洁。"

（3）王伟隔壁寝室的方民每天傍晚都会在阳台练二胡。每首曲子方民都拉得磕磕巴巴，没有一个音在正确的调子上，琴声吱扭吱扭的就像在锯木头。王伟对室友说："他的二胡拉得真好。"

（4）王伟和同学游锐一起负责接待一位德国来的访问学者。游锐平日里总自诩会说德语，于是王伟让他把行程安排告知对方。游锐费劲地说了半天，对方一脸茫然，一句也没听懂。王伟说："你这德语说得真地道。"

（5）王伟和同学张帅到外地参加学术会议。下了火车，二人疲惫不堪，打算坐出租车回酒店休息。从火车站到他们住的酒店，一共就五六公里的路，出租车一路上走走停停，挪了一个多小时还没到。王伟说："这城市的交通真顺畅。"

3. 李强——字面表达

由于工作上的事不顺心，李强整个晚上都在家闷闷不乐。妻子见他心情不好，于是搜肠刮肚想出个笑话想逗他开心。结果，笑话还没讲完，李强已经捂着肚子笑得东倒西歪。李强对妻子说："这笑话可真好笑。"

吃过晚饭，李强陪妻子逛商场，偶遇以前的同事老孟。老孟告诉李强，自从退休后，自己每天看书、养花、打太极，还经常去老年大学上课。李强说："您这日子过得真充实。"

李强的女儿今年三岁半，生性安静听话、不爱哭闹，小小年纪就已经能够自己穿衣、吃饭，晚上一到时间就乖乖去睡觉。李强对妻子说："这孩子真让人省心。"

周末，同事陈刚请李强到家里吃饭。陈刚的妻子烧了一大桌子色香味俱佳、做法多种多样的好菜。李强都顾不上和陈刚聊天，埋头吃得津津有味。趁陈刚的妻子在厨房，李强说："你媳妇儿的厨艺真棒。"

李强隔壁邻居老刘的儿子今年十六岁，乖巧听话、谦和有礼，还常常主动帮助邻里。晚上，妻子告诉李强，今天又是老刘儿子帮自己把一大袋米扛上六楼。李强对妻子说："他们家孩子真懂事。"

4. 李强——反语表达

（1）年底，公司组织全体职工召开总结大会，同事老赵作为员工代表上台做报告。十几页的演讲稿老赵啰啰嗦嗦地读了将近一个小时，台下的人听得都不耐烦了。李强说："这报告真是言简意赅。"

（2）李强和几个同事开车去外地办事。由于高速公路堵车，司机不得不走小路。一路上七拐八弯，路面高低起伏、坑坑洼洼，颠得车上所有人都晕车了。李强说："这路况真是好极了。"

（3）李强公司附近新开了家餐馆。由于菜肴风味独特，许多食客慕名而来，每天都得排长队等座。晚上，李强带家人去尝鲜，但是排队等了不到五分钟，妻子就不耐烦了，起身要去别的餐馆。李强说："你这人可真有耐心。"

（4）李强和同事小余去上海出差，与另一家公司谈合作。谈判过程中，对方公司代表不仅态度冷淡、敷衍，而且对合作中的具体问题事先没有准备和了解，许多事情一问三不知。李强对小余说："他们对合作真有诚意。"

（5）同事老钱性格怯懦，全公司的人都知道他是十足的"妻管严"，家里不管大事小事都由他的夫人安排张罗。偏偏老钱又爱在同事面前吹牛，摆户主威风。李强对同事说："老钱可是他家顶梁柱。"

（6）周末，李强在家休息。楼下邻居周奶奶有急事要出门，请李强帮忙照看她家五岁的小孙女。整个下午，小女孩上蹿下跳，跑来跑去，一刻也没歇着，吵得李强头都疼了。晚上，周奶奶来接孙女，李强说："您家孙女可真文静。"

（7）李强上网订购了台电视机。眼巴巴地等了十来天，厂家的工作人员才送货来，把东西往门口一放就走了。李强打电话给客服，要求派人来安装，客服却说安装调试需另外收费，让他自己看说明书。李强说："你们的服务可真周到。"

（8）李强所在的公司最近拿下了一个上千万的重大项目。张威作为项目的众多参与者之一，四处大言不惭地说都是因为他的关键作用，整个团队才能在激烈的竞标中取胜。李强对张威说："你这人可真谦虚。"

（9）春节将至，李强和妻子由于工作太忙抽不出时间，决定请钟点工到家里来帮忙做大扫除。钟点工阿姨用半桶水、一块布把家里草草地擦了一遍就算完事，桌椅底下和房间角落里还都是灰尘。李强说："您打扫得可真干净。"

（10）李强和公司设计部的同事陈刚住在同一个小区，平日里两人经常拼车上下班。每次李强到陈刚的办公室找他，陈刚不是在上网购物，就是在打游戏、聊天。李强说："你这工作可真够忙的。"

（11）年终，同事老钱被评为全公司的劳动模范，得到了五万元的奖金。众人都不服气，因为老钱每天都是来得晚走得早，能偷懒则偷懒，就会在领导面装装样子。李强对同事说："他这劳模名副其实。"

（12）吃过晚饭，李强在家陪妻子看电视剧。演员浮夸的演技加上老掉牙的故事情节，看得李强昏昏欲睡。李强想换台，奈何妻子说什么也不肯。李强对妻子说："这电视剧拍得可真好。"

（13）李强和同事小余被总部派到分公司轮岗一年。分公司所在的城市夏日热得像火炉，冬天冷得像冰窖，常常一场雨一下就是一个月。李强对小余说："这里的气候可真宜人。"

（14）周日，李强特意起了个大早，打算带妻子和女儿去郊游。他打开窗帘，只见窗外狂风大作，还下着倾盆大雨。李强对妻子说："今天的天气可真好。"

（15）李强一早到公司，就发现经理脸色阴沉、心情不悦，所有人都小心翼翼，生怕踩到"地雷"。同事小范偏在这时去找经理请年假，结果不但假期没批准，还被狠狠训斥了一顿。李强对小范说："你可真会察言观色。"

（16）晚上，李强携妻子参加公司酒会。为了搭配礼服，妻子特意买了双漂亮的高跟鞋。可是在酒会上，妻子没走几步路，新鞋的鞋跟就掉了。李强对妻子说："这鞋子可真耐穿。"

（17）李强同事小吴虽然已经年过三十，但无论什么事情都听父母的。公司要组织员工假期出国旅游，李强负责统计人数，小吴说要先问过父母的意见之后才能决定去不去。李强说："你这人可真有主见。"

（18）李强和妻子准备趁假期去国外旅游，妻子特意新买了个行李箱。箱子看着挺大，但实际空间很小，才塞了几件衣服就已经满满当当的了。李强说："这箱子可真能装。"

（19）李强和同事小范受邀参加别人的婚礼。晚上，两人在酒店门口恰巧遇到，只见小范从头到脚穿得一身黑，李强说："你穿得可真喜庆。"

（20）李强同事小刘曾经因为一点小事得罪过同事老赵。多年过去了，老赵对过去的事情依旧耿耿于怀，工作上处处给小刘使绊。李强对老赵说："你这人可真大度。"

● 实验第二阶段

1. 王伟——字面表达

（1）由于近来天气湿热，王伟的寝室里出现了许多烦人的蟑螂。室友去超市买了瓶杀虫剂，将寝室的所有角落喷了个遍，那些蟑螂果然很快就不见了踪影。王伟说：<u>"这杀虫剂还真有效。"</u>

（2）王伟到重庆参加学术会议，顺道去看望还在高校读博的儿时好友邹聪。邹聪带着王伟参观自己的学校，两人走了三四个小时才把整个校园大致走了一圈。王伟说：<u>"你们的校区可真大。"</u>

（3）学校大门前的路口，一辆飞驰而过的轿车和闯红灯的摩托车撞到了一块，摩托车司机摔倒在地，没了知觉。王伟恰巧目睹了发生的一切，赶紧打120急救电话。五分钟不到，救护车就到达事故现场，王伟说：<u>"救护车来得可真及时。"</u>

（4）中午，王伟和几个同学一块外出聚餐。一大桌子菜，众人大快朵颐，吃到最后都撑得不行，只有游锐还在埋头吃得津津有味。王伟说：<u>"你今天的胃口可真大。"</u>

（5）王伟每天都和实验室的同学一起在食堂吃午饭。其他同学每人每顿打两三个菜，但于辉每次都只打一个菜，就着两个馒头吃。王伟说：<u>"你这日子过得真节约。"</u>

（6）早上，王伟和同学搭公车出门办事，车上挤满了人。好不容易有人下车，一个小男孩高声喊自己的奶奶过来坐，还主动要求帮奶奶拎东西。王伟说：<u>"这孩子真是懂事孝顺。"</u>

（7）王伟的同学高梅有一个双胞胎妹妹高桦。二人虽然不在同一个学院，但总是一起上课、自习、吃饭、参加社团活动，每天都形影不离、有说有笑，王伟说：<u>"她俩的感情可真要好。"</u>

（8）晚上，王伟约了好友梁军下棋。二人棋逢对手，整个晚上你来我往，各有输赢。不知不觉下到深夜，两人都觉得意犹未尽。王伟对梁军说：<u>"和你下棋可真有趣。"</u>

（9）最近，王伟所在的实验室陆续有多位同学在国际期刊上发表了高水平的学术论文，众人都心情愉悦，就连王伟的导师也喜上眉梢。王伟说：<u>"最</u>

近可真是喜讯不断。"

（10）王伟和同学郭宁都是铁杆篮球迷，经常凑在一起看球、聊球。王伟支持多年的球队近来状态神勇，已经取得了七连胜。王伟对郭宁说："这支球队可真强。"

（11）王伟的生日就快到了，女友周芳亲手织了一副手套和围巾给王伟作为礼物。虽然是第一次织，但周芳织得针脚平整、样式精美。王伟说："你的手可真灵巧。"

（12）一到周末，室友们都躲在温暖的被窝里睡懒觉。唯独张帅总是起个大早，打扫寝室、洗衣服、晒被子，忙活一整个早上。王伟对张帅说："你这人可真勤快。"

（13）王伟要去哈尔滨帮导师做实验，女友周芳体贴地替王伟买了件的羽绒服。十二月的东北已是冰天雪地，王伟在羽绒服里面只穿件薄衬衫也不觉得冷。王伟告诉周芳："这衣服可真厚实。"

（14）同学游锐的研究成果在国际比赛中得了大奖。他在得知后，丝毫没有和身边的同学提起，直到奖杯和证书寄到学校，大家才知道这件事。王伟对游锐说："你可真沉得住气。"

（15）室友张帅的导师亲切随和，时常和学生说说笑笑。相比之下，王伟和游锐的导师从来都板着张脸，王伟印象中几乎从没见导师对学生笑过。王伟对游锐说："咱们导师可真严肃。"

（16）假期里，王伟和女友周芳一起去黄山旅游。峻秀的山峰、变幻无穷的云海、苍劲挺拔的奇松都让二人赞叹不已。王伟对周芳说："这里的风景可真美。"

（17）王伟不小心把书桌抽屉的钥匙弄丢了，只好请开锁师傅来撬锁。开锁师傅用上各种工具，费了九牛二虎之力也还是打不开。王伟说："这锁还真是结实。"

（18）王伟听说博物馆最近有个新的展览很值得一看，便和同学一起去参观。各种各样的展品让人应接不暇，几个人逛了一整个早上，才把展览看完。王伟说："这次的展品可真丰富。"

（19）王伟所在的城市每年冬天都会下雪。往年的这个时候，王伟早已穿上了厚厚的毛衣和羽绒服，而今年王伟只穿件薄外套也丝毫不觉得冷。王伟说："今年冬天可真暖和。"

（20）王伟的女友周芳从小就有过目不忘的本领。看过一遍的书、见过一次的人和听过一次的名字，她都能准确无误地回忆起来。王伟说："你的记性可真好。"

2. 王伟——反语表达

（1）一大早，王伟乘公车去火车站。不巧公车出故障，停在半路上。王伟等了半天才等来另一辆公车。好不容易到了火车站，王伟一阵狂奔，但还是没赶上火车，匆忙中还把手机弄丢了。王伟说："我今天可真走运。"

（2）窗外阳光明媚，王伟心想很久没运动了，便到隔壁寝室找同学于辉一块儿去打球。刚走到隔壁寝室门口就闻到一阵怪味，房间里各种物品随处乱放，桌上和地面都是垃圾。王伟说："你们寝室可真干净。"

（3）王伟和同学张帅一起去图书馆自习。张帅一会儿看集美剧，一会儿吃点东西，一天下来也没写几个字，没看几页书。王伟说："你的学习效率还真高。"

（4）暑假，王伟趁空去杭州看望女友周芳。在杭州的几天里，恰好遇上四十多度的高温天气，室外热浪滚滚，王伟从早到晚都汗如雨下，感觉整个人都快被烤干了。王伟说："杭州可真是人间天堂。"

（5）学院举行三对三篮球赛，王伟和同学也报名参加。轮到王伟他们上场，队友林晨和对手几句话不和就冲过去要跟人动手，其他人赶忙劝架。王伟对林晨说："你的脾气可真温和。"

（6）秋高气爽，王伟和实验室的同学们相约一起去郊游。其他人都准时到约好的地点集合，只有同学高梅不见人影。大家焦急地等了半个多小时，高梅才姗姗来迟。王伟说："你今天来得可真早。"

（7）晚饭后，王伟和女友周芳在校园里散步。两人前面走着一位年轻姑娘，个子不高，腰身却足足有两个王伟那么粗。王伟轻声对周芳说："这姑娘可真苗条。"

（8）王伟和女友周芳到学校附近的小餐馆吃饭，二人点了自己喜欢吃的菜。菜上齐，王伟夹了一块红烧牛肉放嘴里，使劲咬了半天，牙都酸了还是嚼不烂。王伟说："这牛肉烧得可真烂。"

（9）过完暑假，学生陆续返校。王伟在实验室见到同学郑慧，发现她原本挺光滑白净的皮肤变得又黑又粗糙，还长了许多小斑点。王伟惊讶地对郑慧说："你这皮肤真是越来越好。"

（10）周六，王伟和室友张帅特意起了个大早去听讲座。一个早上，演讲人东拉西扯、逻辑混乱，在场所有人都听得满头雾水、不知所云。王伟说："咱们今天来得可真值。"

（11）王伟每天都会乘校车往返于两个校区之间。早上，王伟照常到停车点等车，本该八点钟就来的校车，直到快九点钟都还没出现。王伟气恼地说："这校车可真准时。"

（12）春节假期，王伟和父母回老家走亲戚，见到了好友珊珊。只见她过去的齐腰长发变成了板寸头，王伟差点没认出她来。王伟笑着说："你的头发可真长。"

（13）周末，王伟和女友周芳一起去看电影。周芳挑了一部节奏缓慢、内容晦涩的文艺片，看得王伟昏昏欲睡。王伟睡了一觉醒来，发现电影情节依旧毫无进展，王伟对周芳说："这电影可真好看。"

（14）女友周芳上网买了件大衣，收到衣服以后满心欢喜地试穿，才发现衣服的腰身太窄，扣子都扣不上，而袖子又长出来一大截，样子很是滑稽。王伟说："这衣服可真合身。"

（15）王伟所在学院的副院长由于经济问题被匿名举报，纪检机关介入调查后发现，他上任三年就贪污挪用了四千多万的科研经费。王伟说："他这官当得可真清廉。"

（16）室友张帅用自己平日做兼职的工资买了块价格不菲的新手表。但是没戴几天，他就发现手表的质量有问题，不是走得太快就是走得太慢，一天不调就会差好几个小时。王伟对张帅说："这表走得可真准。"

（17）晚上，寝室的灯突然不亮了，于辉赶忙去请来维修师傅换上新灯泡。但是由于新灯泡的瓦数太低，整个房间还是十分昏暗。王伟说："这灯泡可真够亮的。"

（18）同学游锐由于受到老家方言的影响，说话总是带着奇怪的口音，同学们有时甚至会听不懂游锐在说些什么。王伟说："你的普通话可真标准。"

（19）周末，王伟和女友周芳去公园看菊花展。虽然正是菊花盛开的季节，但是由于之前刚下过一场大雨，大部分花都谢了，只剩下稀稀疏疏的几朵蔫蔫地耷拉着。王伟说："这花开得真茂盛。"

（20）同学冯军心直口快，尽管他并无恶意，但还是常常得罪人。周一的组会上，冯军犀利尖锐的评论又让当天做报告的同学无比尴尬。会后，王伟对冯军说："你说话可真委婉。"

3. 李强——字面表达

（1）四川雅安发生大地震，灾情牵动国人的心。李强公司的众员工纷纷捐款，少辄几百，多辄上千。平时节俭、为人低调的总经理带头捐款十万，李强说："经理为人真是慷慨。"

（2）李强的同事小吴是个单身汉，喜欢研究各种养生的方法。每天，他都自己带盒饭到公司，身上的衣服干净笔挺、精心搭配。就算下班再迟，也要去锻炼一会儿再回家。李强说："你这日子过得真讲究。"

（3）李强参加高中同学聚会，有人说起同学陈某，一夜之间经历了事业失败、家庭变故和健康危机，接二连三的挫折都没把他打倒，现在又从头开始努力。李强说："他这人可真坚强。"

（4）李强得了急性阑尾炎，不得不住院修养。公司的同事们一起去医院看望他。同事小吴说："身体最要紧，你别着急，好好休养，耽误的工作到时候我帮你一起干！"李强回答说："你这话可真贴心。"

（5）住在李强家楼下的老陈夫妇养了只狗，聪明、温顺、从不乱吠，一见着熟人就摇尾巴。邻里们每当碰到老陈夫妇遛狗，都会忍不住上前去逗一会儿。李强对妻子说："他们家的狗可真乖巧。"

（6）临近年底，李强家附近的几个小区发生了多起入室盗窃的案件。李强居住的小区由于物业的保安工作认真负责，一直以来从未发生过类似事件。李强对邻居老刘说："咱们小区的治安真好。"

（7）同事小吴过生日，大家都用心给寿星准备了小礼物。同事小范和小吴平日交情甚好，特意送给她一个价格不菲的名牌包。李强说："你出手可真大方。"

（8）李强和同事小余一起去北京出差，与另一家公司谈项目。对方的接待人员安排二人入住一家有名的五星级酒店。酒店装潢精致气派，房间里的设施一应俱全，浴缸大得都快赶上游泳池了。李强说："这酒店可真豪华。"

（9）新上任的市长为了缓解市区内交通拥堵的问题，拓宽多条马路，大力整治不遵守交通规则的问题。交通状况大大改善，李强每天上下班节省了许多时间。李强对妻子说："新市长为百姓办实事。"

（10）周末，李强和妻子带女儿去动物园看老虎。只见两只小老虎精神抖擞，不停地你追我赶、嬉戏打闹。李强对妻子说："小老虎真是活泼好动。"

（11）李强每天晨练都会遇到邻居董大爷。董大爷虽年逾古稀，但依旧精神矍铄、身姿挺拔，每天都在小区花园里练拳舞剑。李强对董大爷说："您的身体可真硬朗。"

（12）李强的同事小吴记得本部门所有人的生日。每逢同事生日当天，她都会送上贺卡。虽然礼物不贵重，但她的心意让大家都很感动。王伟对小吴说："你这人可真有心。"

（13）李强家边上有个小广场，每天晚上都有许多老人来这里，有的跳广场舞，有的围成一圈下棋，还有的带着孙子孙女来玩。李强和妻子晚上散步都会从这里经过，李强对妻子说："这个广场真热闹。"

（14）李强的侄子正在上高中，不仅学习成绩好，从来都是年级前三名，而且兴趣广泛，书法、绘画、钢琴样样精通。李强对妻子说："这孩子可真优秀。"

（15）李强平时经常搭同事陈刚的顺风车上下班。每当车子经过人行横道，陈刚总会停下来，让站在路边的行人先过，李强说："你开车可真文明。"

（16）同事老赵刚搬了新家，请公司同事到家里玩。老赵的新房子宽敞方正、南北通透，采光和通风都十分理想。李强对老赵说："你这房子可真敞亮。"

（17）李强晚上下班回到家，看见餐桌上已经摆满了各色菜肴，有荤有素，有菜有汤。妻子还在厨房里忙活着。李强说："今晚的饭菜可真丰盛。"

（18）同事小范最近换了部新手机，手机的屏幕和书本差不多大，拿在手里就像举着块板砖。李强说："你这手机可真大。"

（19）由于需要开暖气，李强家的电费一到冬天就非常惊人，每个月的电费都得五六百。但是自从换了新空调以后，每个月的电费减了至少一半。李强说："这空调可真省电。"

（20）李强公司的女同事平日里都喜欢打扮，唯独同事小吴对这方面从来不上心，一年到头总是球鞋、牛仔裤和运动衫，颜色不是黑的就是灰的。李强对小吴说："你的衣着可真朴素。"

4. 李强——反语表达

（1）早上，李强搭同事小范的顺风车上班，公司大楼底下就有停车场。偌大的车位，小范前前后后地挪了好半天，愣是卡在中间怎么也停不进去，倒车的时候还把边上的车子给刮了。李强对小范说："你的车技真是高超。"

（2）公司派李强到北京出差几天，正好遇上雾霾天气。每天的天空都是灰蒙蒙的，远一点的楼房全都看不清。李强原本已经痊愈多年的鼻炎又犯了。李强对同事说："这里的空气可真好。"

（3）李强准备给家里买辆新车，但一直拿不定主意。他见同事老赵平日里开的那款车子不错，便向老赵询问。老赵告诉李强，他的车子别的不算，每个月仅汽油钱就得花掉两三千块。李强说："你这车子可真省油。"

（4）李强所在的公司要任命一名新的地区经理，大家都认为工作认真、业绩出色的老赵是不二人选。但最终被提拔的却是业绩平平、与公司领导私交甚好的"关系户"老孙。众人围在公示栏前小声议论，李强说："咱领导真是任人唯贤。"

（5）周末，李强和妻子一块去喝下午茶。平日里没什么人的咖啡馆里今天坐得满满当当。两人本打算各自看看书，但嘈杂的说话声和笑声让两人一个字也看不进去。李强对妻子说："这里还真是清静。"

（6）李强的同事杨洋长得高大帅气，非常招女生喜欢，身边的女朋友隔三岔五地换。同事小吴说她昨天又看到杨洋和一个女生一起亲密逛街，但并不是他的现任女友。李强说："他对感情可真专一。"

（7）李强到公司的文印室打印资料和图纸。文印室的电脑都是用了许多年的老古董，打开一个文档都得等半天，还时不时遇到电脑黑屏死机。李强气得直摇头，说："这些电脑可真先进。"

151

（8）李强吩咐下属小何做一份本部门下季度的工作计划。第二天，小何交给李强一份计划书，薄薄的一页纸上尽是些泛泛而谈的空话，没有任何实质性的具体内容。李强说："你这计划做得真详细。"

（9）李强所在的公司刚刚重新装修，为了配合装潢的风格，公司给所有员工都统一换了一批新椅子。这些新椅子虽然样子好看，但设计得很不合理，坐一会儿就会腰酸背痛。李强对同事说："这椅子可真舒服。"

（10）快到午饭时间，办公室里不知从哪里飘进来一股怪味，既像食物发酸变质，又像臭脚丫混着咸鱼的味道。原本饥肠辘辘的大家，都被这味道熏得一点胃口也没有了。李强说："这味道可真是香。"

（11）公司组织员工及家属一起去郊游。小范和女友小陈不知为何起了争执，小陈当着众人的面，对小范厉声呵斥，其他人都尴尬得不敢吱声。事后，李强对小范说："你女朋友可真温柔。"

（12）半年前，同事老赵说有急事需要用钱，李强便爽快地借了他两万块。原本说好一个月后还，但是老赵总找各种理由，还钱的事情一拖再拖。李强很不满，向同事抱怨说："他这人可真讲信用。"

（13）周六中午，李强打电话给同事小余，想约他下午一起去健身。电话那头响了半天，小余才接起电话，嗓音慵懒沙哑，抱怨李强搅了他的好梦。李强说："你今天起得可真早。"

（14）李强家楼上最近刚搬进去一对年轻夫妻。一个多月以来，时常深夜传出争吵、摔东西的声音。李强无奈地对妻子说："他们家可真和睦。"

（15）李强的同事陈刚是个十足的工作狂，天天早出晚归，常常加班。家中六岁的女儿都由妻子照顾，女儿学校的家长会陈刚一次也没有参加过。李强说："你这家长当得真称职。"

（16）公司例会上，李强让下属小陈将某个项目的具体情况向大家做个介绍。结果，小陈东一句西一句，说得毫无条理、结结巴巴，大家听得满头雾水。李强说："你的表达能力真强。"

（17）李强的公司今年效益不佳，不得不裁员，公司上下人心惶惶。为了不让自己失业，员工们开始相互揭短、拆台。李强对同事老赵说："公司的气氛真和谐。"

（18）中午，总经理把李强叫到办公室，交给李强一叠厚厚的资料，告诉他有位客户委托给公司一个大项目，要求李强在下班之前看完资料并做出一份详细的企划案。李强回到自己的座位上，对同事说："这时间给得可真充裕。"

（19）最近一段时间，每天晚上都有一群老大妈在李强小区大门前的空地上跳广场舞。大妈们把音乐声开得震天响，全然不顾噪声严重影响了小区居民的休息和生活。李强对邻居老刘说："她们可真有公德心。"

（20）天气渐冷，妻子给李强买了个国外进口的保温杯，说是能二十四小时保冷、保热。李强试着用新杯子泡茶，滚烫的开水倒进去，没过一会儿就凉了。李强说："这杯子可真保温。"

附录三　脑电实验语用能力问卷

题项	评价	得分
1. 和自己一个人做事相比，我更喜欢和他人一起做事。	完全同意 比较同意 比较不同意 完全不同意	
2. 我更喜欢重复相同的方法做事情。	完全同意 比较同意 比较不同意 完全不同意	
3. 如果我试图想象某事，能够很轻易地在头脑中形成一个画面。	完全同意 比较同意 比较不同意 完全不同意	
4. 我经常对一件事过于专注，以至于会忽略其他事情。	完全同意 比较同意 比较不同意 完全不同意	
5. 我经常会注意到其他人没听到的细小声音。	完全同意 比较同意 比较不同意 完全不同意	
6. 我经常会注意到汽车牌号或类似的信息串。	完全同意 比较同意 比较不同意 完全不同意	
7. 他人经常告诉我，我说话没有礼貌，尽管我不这样认为。	完全同意 比较同意 比较不同意 完全不同意	
8. 当我读故事时，我能够轻易地想象出人物角色可能具有的相貌。	完全同意 比较同意 比较不同意 完全不同意	
9. 我对日期着迷。	完全同意 比较同意 比较不同意 完全不同意	
10. 在社交圈中，我能很轻松地和不同的人进行沟通。	完全同意 比较同意 比较不同意 完全不同意	
11. 我觉得社交环境是很简单的。	完全同意 比较同意 比较不同意 完全不同意	
12. 我更能留意到他人注意不到的细节。	完全同意 比较同意 比较不同意 完全不同意	

续表

题项	评价	得分
13. 与参与聚会相比，我情愿去图书馆。	完全同意 比较同意 比较不同意 完全不同意	
14. 我觉得编故事是很容易的。	完全同意 比较同意 比较不同意 完全不同意	
15. 我觉得自己对人比对事更感兴趣。	完全同意 比较同意 比较不同意 完全不同意	
16. 我倾向于有浓厚的兴趣爱好，如果不能继续这一爱好，我会很沮丧。	完全同意 比较同意 比较不同意 完全不同意	
17. 我喜欢社交性的聊天。	完全同意 比较同意 比较不同意 完全不同意	
18. 当我讲话时，旁人不太容易插嘴。	完全同意 比较同意 比较不同意 完全不同意	
19. 我对数学着迷。	完全同意 比较同意 比较不同意 完全不同意	
20. 当读故事时，我很难揣摩出故事人物的意图。	完全同意 比较同意 比较不同意 完全不同意	
21. 我不是特别喜欢读小说。	完全同意 比较同意 比较不同意 完全不同意	
22. 我觉得结交新朋友是件很难的事。	完全同意 比较同意 比较不同意 完全不同意	
23. 我总是会注意到事物的样式、图案。	完全同意 比较同意 比较不同意 完全不同意	
24. 与去博物馆相比，我更愿意去剧院。	完全同意 比较同意 比较不同意 完全不同意	
25. 我不会因为生活规律被扰乱而心情不好。	完全同意 比较同意 比较不同意 完全不同意	
26. 我经常发现自己不知道如何使谈话持续下去。	完全同意 比较同意 比较不同意 完全不同意	
27. 当某人和我交谈时，我可以很容易地领会到对方的言外之意。	完全同意 比较同意 比较不同意 完全不同意	
28. 与图画的细节相比，我通常更加注意图画的整体。	完全同意 比较同意 比较不同意 完全不同意	
29. 我不大擅长记电话号码。	完全同意 比较同意 比较不同意 完全不同意	
30. 我通常不能注意到环境中或是他人相貌上细小的变化。	完全同意 比较同意 比较不同意 完全不同意	
31. 我能分辨出听我说话的人是否开始厌烦。	完全同意 比较同意 比较不同意 完全不同意	
32. 我能够很轻松地同时做几件事。	完全同意 比较同意 比较不同意 完全不同意	
33. 当我打电话时，我不确定何时该轮到我说话。	完全同意 比较同意 比较不同意 完全不同意	
34. 我喜欢心血来潮地做事。	完全同意 比较同意 比较不同意 完全不同意	
35. 我经常是最后一个体会到笑话笑点的人。	完全同意 比较同意 比较不同意 完全不同意	
36. 我可以很轻松地通过观察他人的脸色，揣测出他人的想法或是感受。	完全同意 比较同意 比较不同意 完全不同意	

题项	评价	得分
37. 如果我做事的时候被打断，之后我能够很快地回到被打断的地方。	完全同意 比较同意 比较不同意 完全不同意	
38. 我擅长社交性聊天。	完全同意 比较同意 比较不同意 完全不同意	
39. 别人经常说我总是执着于做同样的事情。	完全同意 比较同意 比较不同意 完全不同意	
40. 在我童年时，总喜欢和其他小孩子玩角色扮演的游戏。	完全同意 比较同意 比较不同意 完全不同意	
41. 我喜欢收集与物品类别有关的信息（如汽车型号、鸟的种类、火车型号、植物种类等）	完全同意 比较同意 比较不同意 完全不同意	
42. 我很难想象出自己成为某一个人会是什么样子。	完全同意 比较同意 比较不同意 完全不同意	
43. 我喜欢对我参加的任何活动都进行细致的计划。	完全同意 比较同意 比较不同意 完全不同意	
44. 我喜欢社交场合。	完全同意 比较同意 比较不同意 完全不同意	
45. 我觉得很难揣测出他人的意图。	完全同意 比较同意 比较不同意 完全不同意	
46. 新环境常会令我感到不安。	完全同意 比较同意 比较不同意 完全不同意	
47. 我喜欢结识新人。	完全同意 比较同意 比较不同意 完全不同意	
48. 我擅长于社交。	完全同意 比较同意 比较不同意 完全不同意	
49. 我不是很擅长记住他人的出生日期。	完全同意 比较同意 比较不同意 完全不同意	
50. 我觉得和小孩子一起玩角色扮演类游戏是件非常容易的事情。	完全同意 比较同意 比较不同意 完全不同意	

说明：该量表下分为 5 个子量表：

（1）社交技能量表（1，11，13，15，22，36，44，45，47，48）；

（2）语言沟通能力量表（7，17，18，26，27，31，33，35，38，39）；

（3）注意力转换能力量表（2，4，10，16，25，32，34，37，43，46）；

（4）细节注意能力量表（5，6，9，12，19，23，28，29，30，49）；

（5）想象力量表（3，8，14，20，21，24，40，41，42，50）。

计分标准为：1，2，4，5，6，7，9，12，13，16，18，19，20，21，22，23，26，33，35，39，41，42，43，45，46 选择"完全同意"或者"比较同意"计 1 分；3，8，10，11，14，15，17，24，25，27，28，29，30，31，32，34，36，37，38，40，44，47，48，49，50 选择"完全不同意"或者"比较不同意"计 1 分。

附录四　脑电实验试后问卷

被试编号：

同学你好！接下来，请依据你对实验材料中"李强"和"王伟"两个人物的印象，选择你认为符合说话人交际风格的话语，将下列语篇补充完整。

1. 秋高气爽，王伟和实验室的同学相约一起去郊游。王伟和其他人准时到约定的地点集合，发现高梅已经在那儿等着了，还给大家买好了早点。王伟说：

　A. 你怎么来得这么早。

　B. 你怎么来得这么晚。

2. 李强和公司设计部的同事陈刚住在同一个小区，两人平日里经常拼车上下班。每次李强到陈刚的办公室找他，陈刚不是在埋头赶设计图就是在没完没了地接电话。李强说：

　A. 你这工作可真够忙的。

　B. 你这工作可真够闲的。

3. 王伟打算租房，整个周末都跟着房产中介东奔西走地看房子。中介带王伟来到一个旧小区，只见到处都是违章搭建，路边的垃圾堆成小山，散发出阵阵臭味。王伟说：

　A. 这小区的环境可真好。

　B. 这小区的环境可真差。

4. 周末，李强在家休息。楼下邻居周奶奶有急事要出门，请李强帮忙照看她家五岁的小孙女。整个下午，小女孩都一声不吭地坐在沙发上玩玩具、翻看故事书。晚上，周奶奶来接孙女，李强说：

　A. 您家孙女可真文静。

　B. 您家孙女可真活泼。

5. 两个学院组织篮球友谊赛，球场边里三层外三层地围满了看比赛的人。王伟和同学游锐恰巧路过，便上前去凑热闹。比赛一开始，其中一方就明显处于优势。半场结束，双方的比分差距已经拉开到三十多分。王伟说：

A. 这比赛可真是充满悬念。

B. 这比赛可真是毫无悬念。

6. 李强准备给家里买辆新车，但一直拿不定主意。他见同事老赵平日里开的那款车子不错，便向老赵询问。老赵告诉李强，他的车子每天都在外头跑，一个月下来的汽油钱也只要两三百块。李强说：

A. 你这车子可真省油。

B. 你这车子可真费油。

7. 导师要求王伟和同学于辉利用春节假期，各自完成一篇文献综述。节后返校，二人将文章交给对方修改。于辉的文章叙述不清、逻辑混乱，而且相关的引用、注释一个也没有。王伟看了之后说：

A. 你写得可真仔细。

B. 你写得可真马虎。

8. 由于工作上的事不顺心，李强整个晚上都在家闷闷不乐。妻子见他心情不好，于是搜肠刮肚好不容易想出个笑话想逗他开心。结果，笑话讲完了，李强还是面无表情，半天没有一点儿反应。李强对妻子说：

A. 这笑话可真好笑。

B. 这笑话可真无聊。

9. 在第一阶段的实验中，你是否认为某位说话人（王伟或者李强）相对而言更经常故意说反话？　是 / 否。如果是，请指出：＿＿＿。

10. 在第二阶段的实验中，你是否认为某位说话人（王伟或者李强）相对而言更经常故意说反话？　是 / 否。如果是，请指出：＿＿＿。